阅读，认识你自己
Lege, temet nosce

OWL 猫头鹰

すごい ストレッチ

崎田ミナ

了不起的身体重启术

[日] 崎田美菜 著

零基础、零开销，三分钟，随时随地“重启”你的身心。

[日] for. R 整体院 田中千哉 监制

单元皓 译

文化发展出版社
Cultural Development Press

CONTENTS

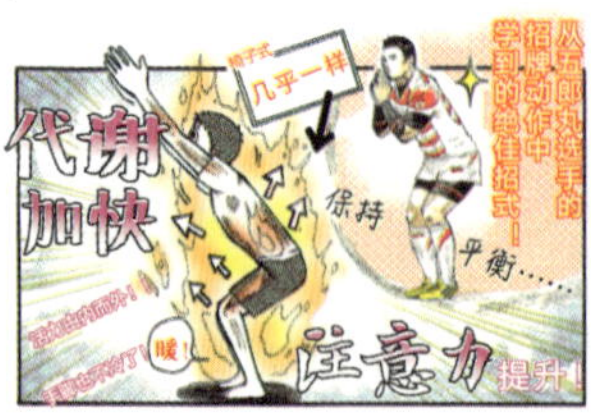
代谢加快
几乎一样
保持
平衡……
注意力提升！

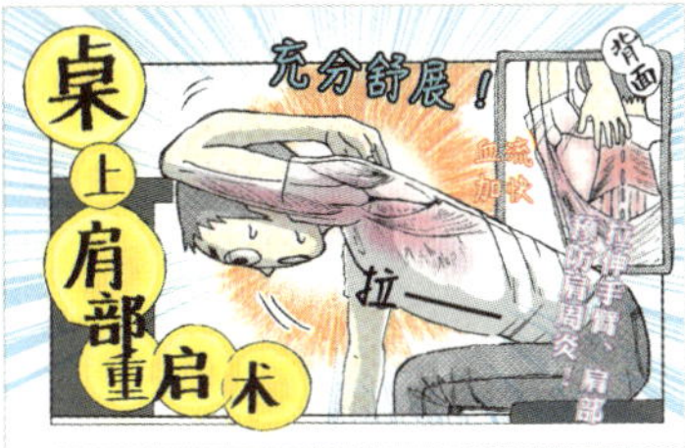
桌上肩部重启术
充分舒展！
背面
拉

PART 5 轻松解放坚硬的肩部

PART 6 全面保护腰与背 疼痛不再来

抱团腰部重启术
一招舒展与腰痛有关的所有肌肉！
舒展
都变得柔软了！

PART 7 今天辛苦了 回家后好好放松一下吧

清空代谢废物
疲惫……
正在消散……
掰
任务①
【掰开脚趾】
自我足部重启术

※ 锻炼请量力而行。

如在锻炼中感到疼痛或其他不适，请立即停止。

如疼痛或不适感强烈且持续不减，请立即就医。

前言

大家好，我叫崎田美菜，是个插画师。

在学习瑜伽的过程中，我发现有些动作，或者说“身体重启术”，既简单又舒服，在日常生活中也很有实用性，于是在网上开了个专栏进行连载。

四格漫画简明易懂的特点，使我的身体重启术专栏荣幸地收获了大量读者，我的每一天也因此充满了惊喜与感激。

专栏中有些动作尤其受到读者们的喜爱，常有人在下面留言说：“这个很有效！”“我现在一天不做都不行。”“超级管用！”我便根据这些好评严选出了四十余种身体重启术，收录在了大家手中的这本书里。

工作、学习、做家务、带孩子……我们每天紧张忙碌地努力生活着，尽管也会有休息的时间，但身体却还是不知不觉就累了。这时只要把身体上的僵硬酸痛解除掉，就连心情都能变得欢快舒爽。

当然，即便你目前没有事务缠身，只是想在人生休养生息的阶段调整一下自己的身体状态，也很适合阅读这本书。

随意翻开你感兴趣的篇章，照着漫画轻松实践一下吧！

真心希望这本书能帮助每位读者重启疲惫疼痛的身体，收获轻松愉悦的每一天。

插画师

崎田美菜

goo いまトピ

本书整理自“～充满好奇心的网站～实时话题”的连载专栏《杂念瑜伽》。
希望喜欢这本书的读者也能喜欢原作《杂念瑜伽》。
https://ima.goo.ne.jp/

PART 1

在办公室里放松地舒展一下

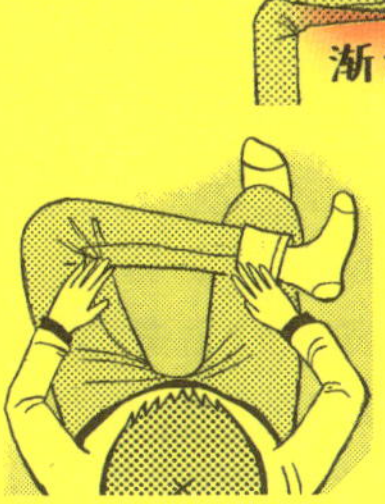

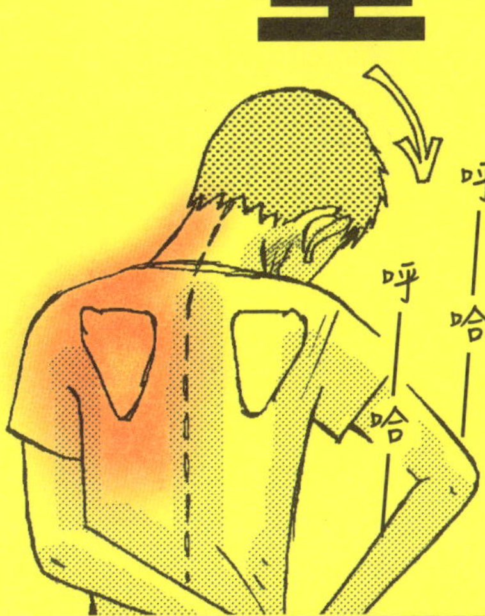

重启髋关节
将工作的疲惫一扫而空

~一郎的重启术帮你摆脱疲劳重新启动~

不论是在一郎选手所效力的职业棒球大联盟，还是在足球或其他竞技体育的赛场上，我们都会经常看到这招“扭肩髋关节重启术”。其实这招在日常生活中也非常实用。不论是肩酸还是背痛，就连精神上的疲惫都能靠这招从体内一扫而空！

后背也超级舒爽！
疲惫解消
向一郎学习
魔法般的髋关节重启术！

髋关节僵硬是所有疲劳的源头

现代人大多运动不足，成天坐在椅子上很容易就会导致髋关节僵硬。如果放任僵硬的髋关节不管，就可能会导致骨盆倾斜、脊椎侧弯，或是引起腰痛、浮肿、全身疲劳等种种不适的症状。

髋关节连接着腰部的深层肌肉——腰大肌，以及大腿内侧和臀部等部位为数众多的骨骼与肌肉。更令人吃惊的是，它居然与横膈膜也有联动。

想要舒展以上区域，只需学会“髋关节重启术”就够了！

髋关节重启术帮你焕然一新

由内到外

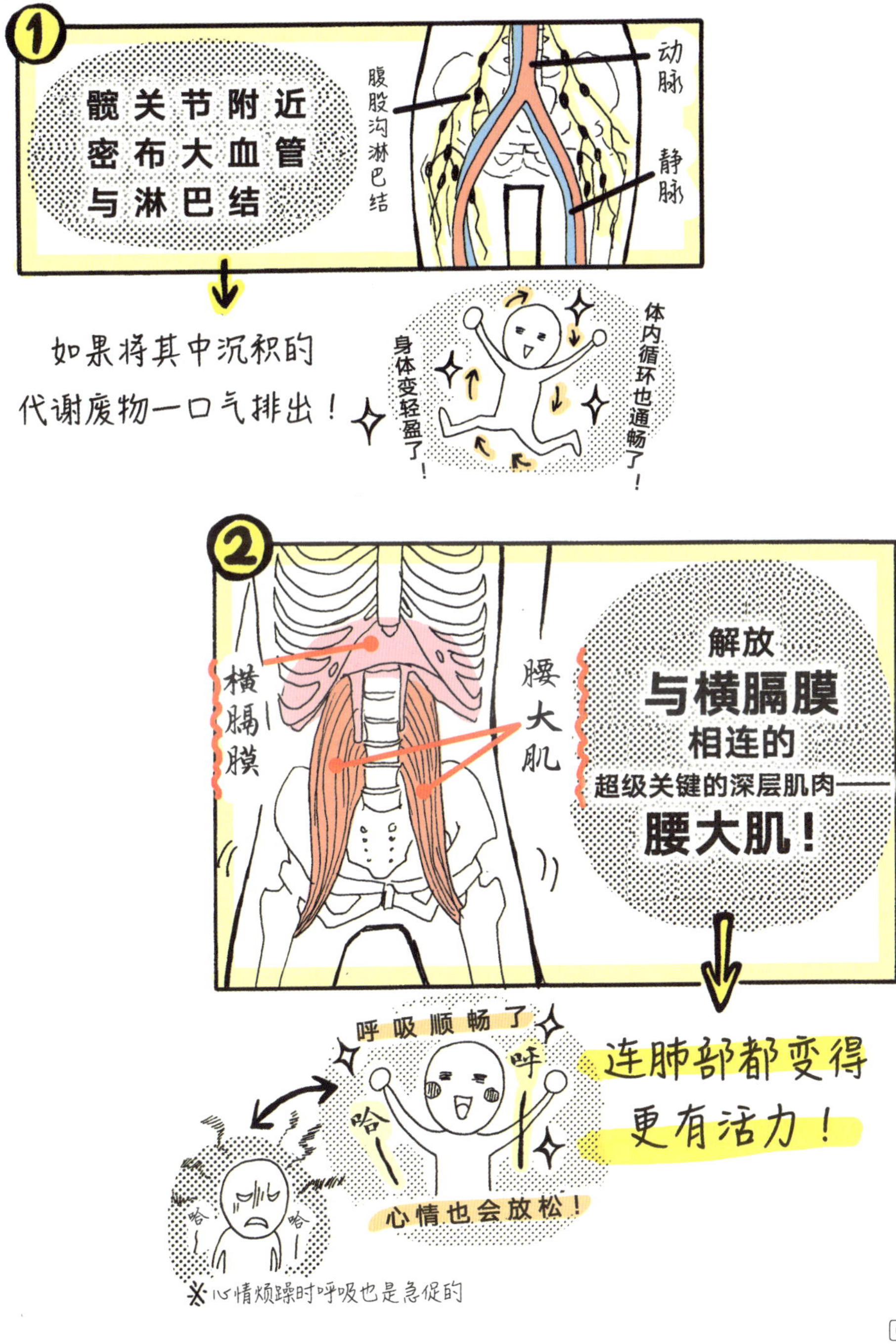
①
髋关节附近密布大血管与淋巴结
腹股沟淋巴结
动脉
静脉
如果将其中沉积的代谢废物一口气排出！
身体变轻盈了！
体内循环也通畅了！
②
横膈膜
腰大肌
解放与横膈膜相连的超级关键的深层肌肉——腰大肌！
呼吸顺畅了
呼
哈
心情也会放松！
连肺部都变得更有活力！
哈
哈
※心情烦躁时呼吸也是急促的

上班族·市郎君的

扭肩重启术

悠然从容地恢复精神
贵族气质
坐在椅子前端双腿尽量张开
手扶住大腿放在膝盖偏上的地方
侧
上半身自然地向前倾
呼——
哈——
深呼吸，保持20秒♪
体会髋关节逐渐拉伸的感觉
渐渐——舒展

张开双腿稳稳地撑住你的双手，好好地活动一下肩胛骨吧。

“扭肩重启术”实际上是一种准备运动，可以帮你将髋关节和肩胛骨区域充分活动开，并提升它们的柔韧性。

由于双手稳稳地撑在张开的双腿上，所以肩胛骨能获得一个很大的活动空间，还能顺便扭一扭脊椎。如此一来，肩部和背部僵硬的肌肉就能重新焕发活力！

不论工作还是家务，在需要来个“最后冲刺”的时候，先停下来做个“扭肩重启术”吧。绝对再合适不过了！

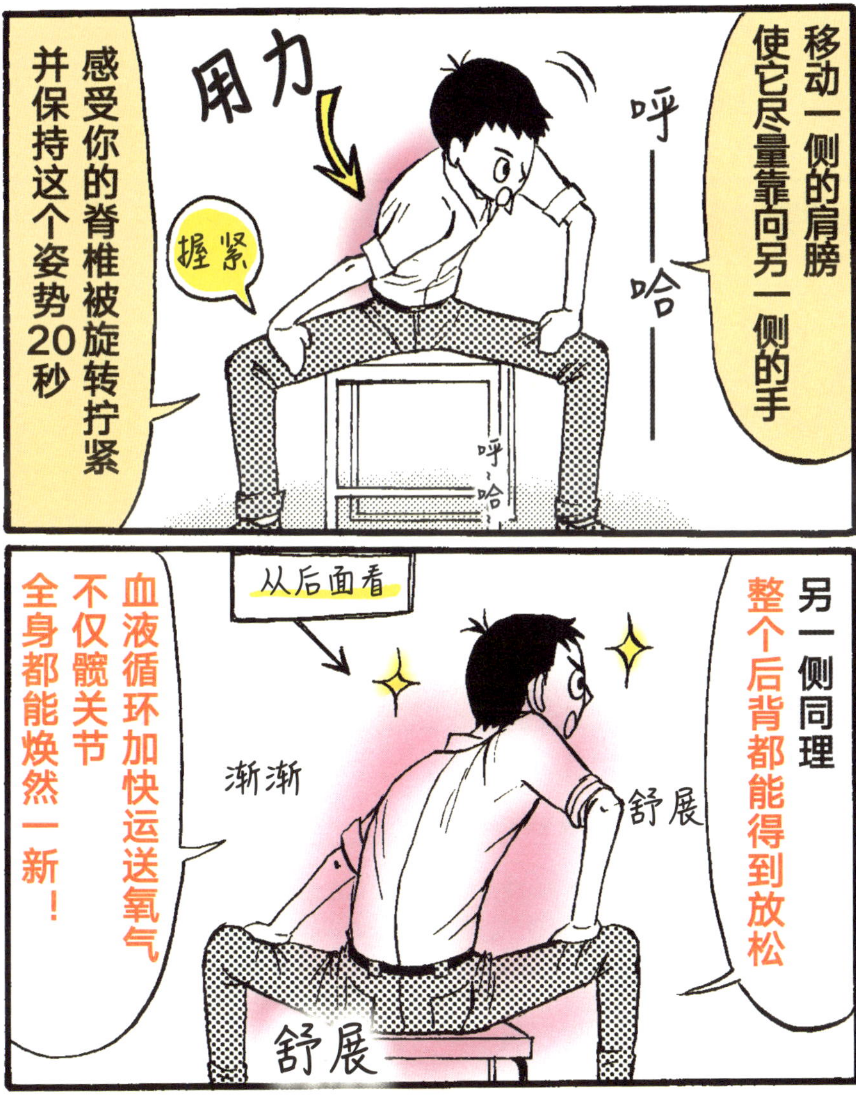

移动一侧的肩膀
使它尽量靠向另一侧的手
呼——哈——
用力
握紧
感受你的脊椎被旋转拧紧
并保持这个姿势20秒
呼
哈
从后面看
另一侧同理
整个后背都能得到放松
舒展
渐渐
血液循环加快运送氧气
不仅髋关节
全身都能焕然一新！
舒展

疲倦的腰部
通过放松臀部来重启

~ 脚下变得轻盈，整个下半身都渐渐温暖起来 ~

最近，就连年轻男性也越来越多地患上了“寒症”。摸一摸自己的屁股，看看自己有没有得“寒症”吧。要是屁股发凉的话，就算平时没什么不适感，也得开始小心了……用能帮你促进血液流动、提高局部温度的“屁股重启术”来早日预防吧！

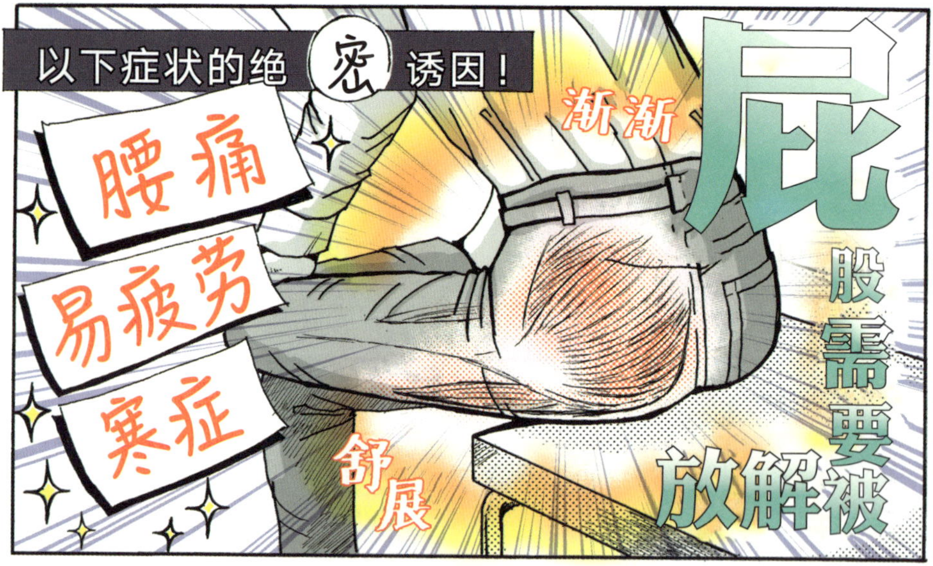
以下症状的绝密诱因！
腰痛
易疲劳
寒症
渐渐
舒展
屁股需要被解放

臀部的寒症与僵硬既危险又难以察觉

臀部的寒症与臀部肌肉的僵硬是紧密关联的。肩部或者颈部的肌肉如果僵硬了，我们很容易就会感觉到疼痛，可臀部却不同，它的僵硬很容易被我们忽视。

因为臀部有很多脂肪，所以除“发凉”之外的症状我们都很难感知到，自然也不会采取什么治疗措施。结果就是我们臀部的血液循环越来越差、代谢废物堆积，成为导致我们腰痛、易疲惫、抵抗力下降等身体问题的元凶。

让我们用坐在椅子上就能完成的“屁股重启术”彻底重启我们的肌肉，和腰痛等症状说再见吧！

屁股是怎么变僵硬的

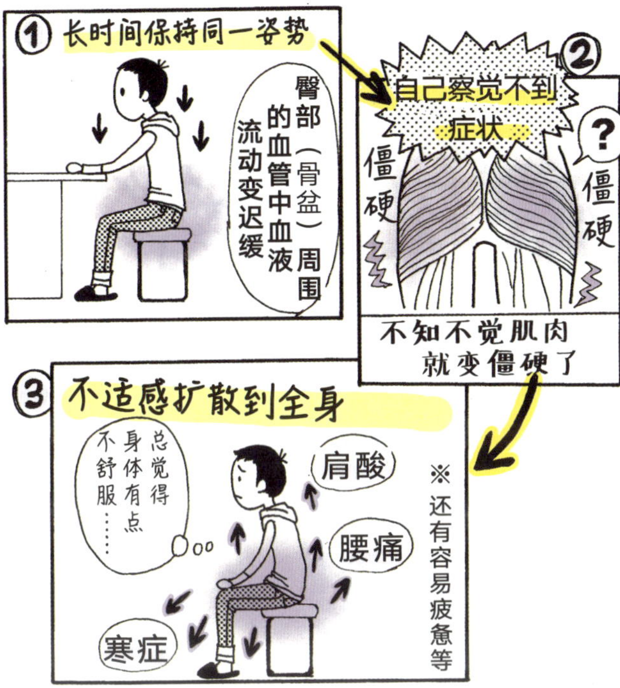

①长时间保持同一姿势
臀部（骨盆）周围的血管中血液流动变迟缓
②自己察觉不到症状
僵硬
？
僵硬
不知不觉肌肉就变僵硬了
③不适感扩散到全身
总觉得身体有点不舒服……
肩酸
腰痛
寒症
※还有容易疲惫等

屁股重启术能拉伸到的肌肉

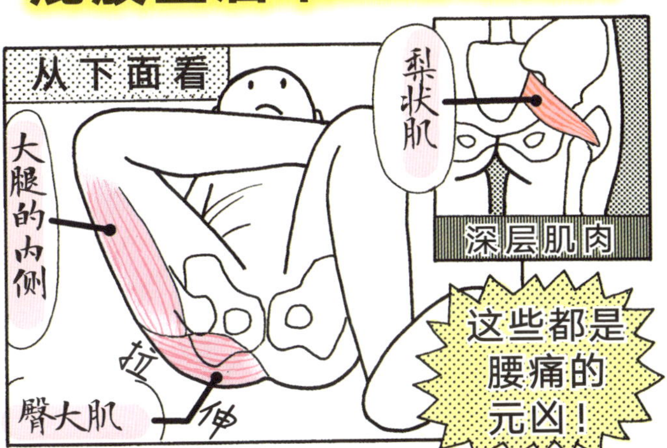

从下面看
大腿的内侧
拉伸
臀大肌
梨状肌
深层肌肉
这些都是腰痛的元凶！

程序员 屁股热男的 下半身重启术

不仅精神好了
寒症也消失了！
腰都不痛了！

1
坐在椅子前端
脚后跟触地
脚尖朝上
伸
拉
上半身前倾
拉伸大腿与小腿内侧肌肉
这是这个动作的热身环节

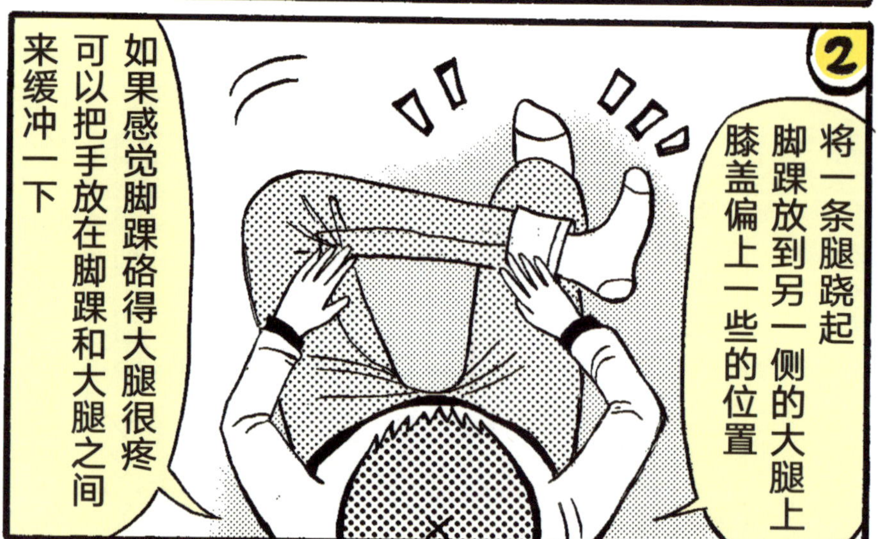
2
将一条腿跷起
脚踝放到另一侧的大腿上
膝盖偏上一些的位置
如果感觉脚踝硌得大腿很疼
可以把手放在脚踝和大腿之间
来缓冲一下

背部挺直向前倾可以很好地拉伸臀部的肌肉

通过这个动作，我们可以缓缓地刺激日常活动不到的臀部与大腿内侧的肌肉。“屁股重启术”通过改善臀部的血液流动情况，可以进一步促进全身的血液与淋巴循环，从而帮我们消除疲惫、恢复精神，以及消除寒症和浮肿。不仅手脚不再发凉，通过“屁股重启术”获得的暖意还能扩散到身体各处，帮我们减轻肩酸与背痛。

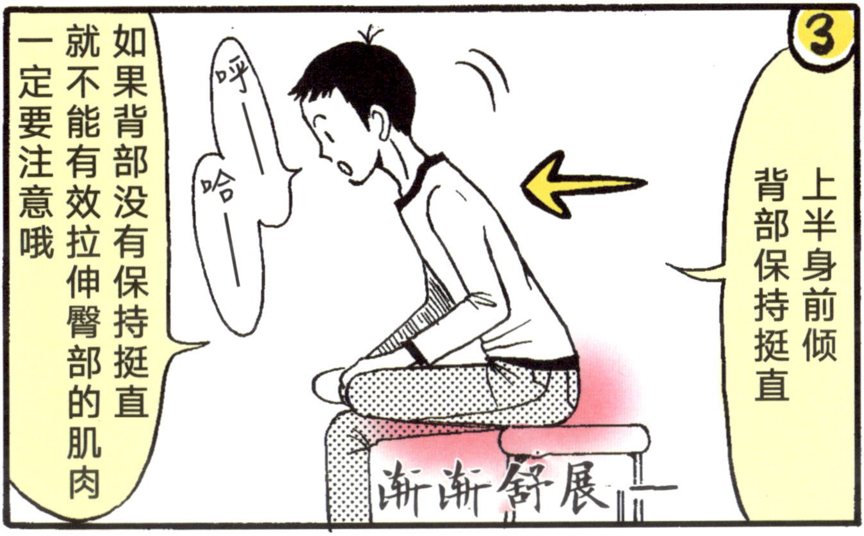
3
上半身前倾
背部保持挺直
呼——
哈——
如果背部没有保持挺直
就不能有效拉伸臀部的肌肉
一定要注意哦
渐渐舒展——

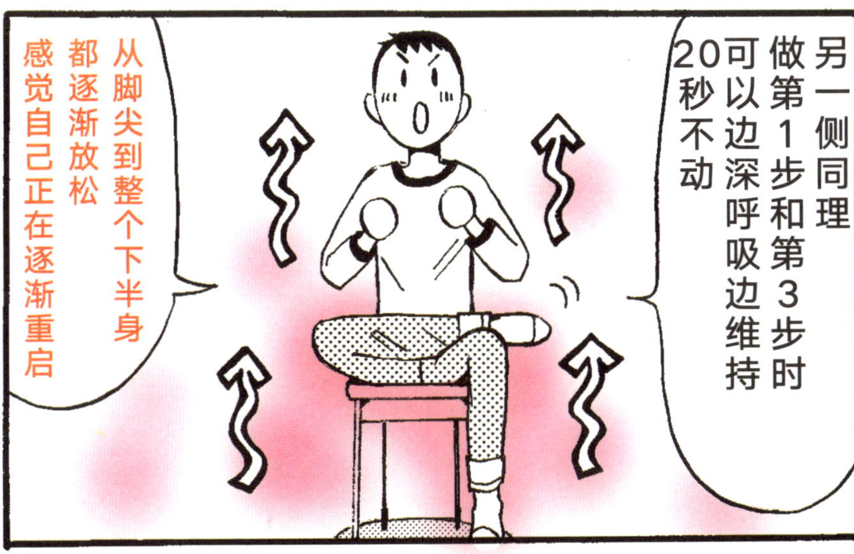
另一侧同理
做第1步和第3步时
可以边深呼吸边维持
20秒不动
从脚尖到整个下半身
都逐渐放松
感觉自己正在逐渐重启

不用专门抽时间
轻松摆脱每日肩酸

~不论何时何地都能让你的肩膀舒畅无比~

只要记住这招简单又有效的“三心二意肩部重启术”，
不论工作还是做家务的时间都能利用起来。
快掌握好要诀，随时舒展你的肩部吧！

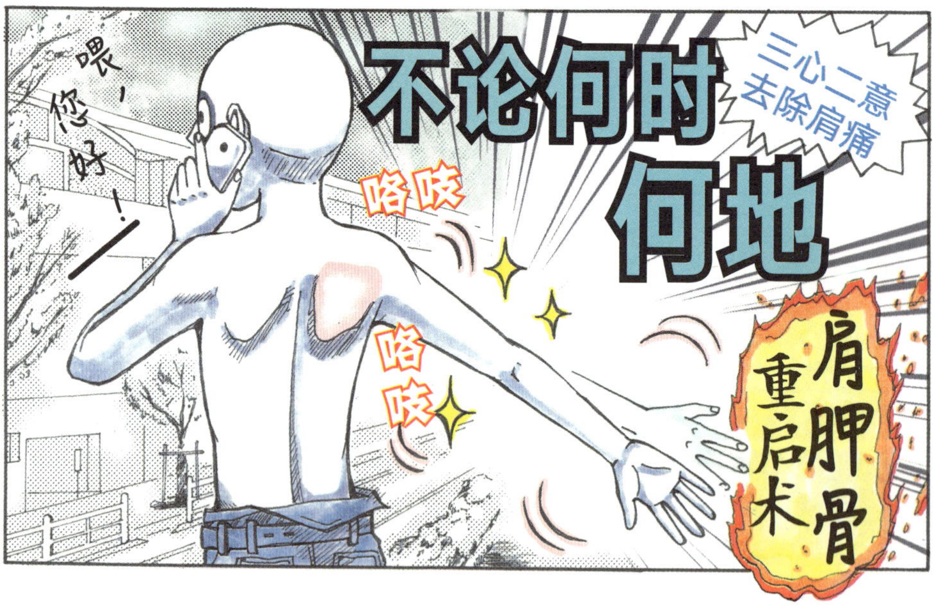
喂，您好！
不论何时
何地
三心二意
去除肩痛
咯吱
咯吱
肩胛骨
重启术

挺直背，活动你的肩胛骨吧！

这里所说的“三心二意肩部重启术”，其实就是简单版“肩胛骨重启术”。

“肩胛骨重启术”的原理，是通过快速活动肩胛骨来拉伸、舒展肩胛骨周围的肌肉。而这些肌肉通常就是造成我们肩痛的原因。

因此，我们只要能在舒展时有意识地活动到肩胛骨，就连“转肩”这种最简单常见的动作都能事半功倍地帮我们重启肩部。通过大幅地缓缓转动手臂，不仅可以很好地放松僵硬的背部，连胸部都能得到舒展。不过一定要注意挺直背哦，否则就没效果啦！

让最常见的
转肩
效果倍增的关键
注意力集中在肩胛骨！
先从前往后转~
关键
背一定要挺直！
关键
一定要慢慢地转！
转到体前时双肘并拢
像这样！
啪
我转！
尽可能大幅地转动！
以这个幅度

※ 先向后转 5 圈，再向前转 5 圈，掌握好呼吸节奏 ♪

网页设计师

肩胛骨重启Boys的研讨会

随时都能做！

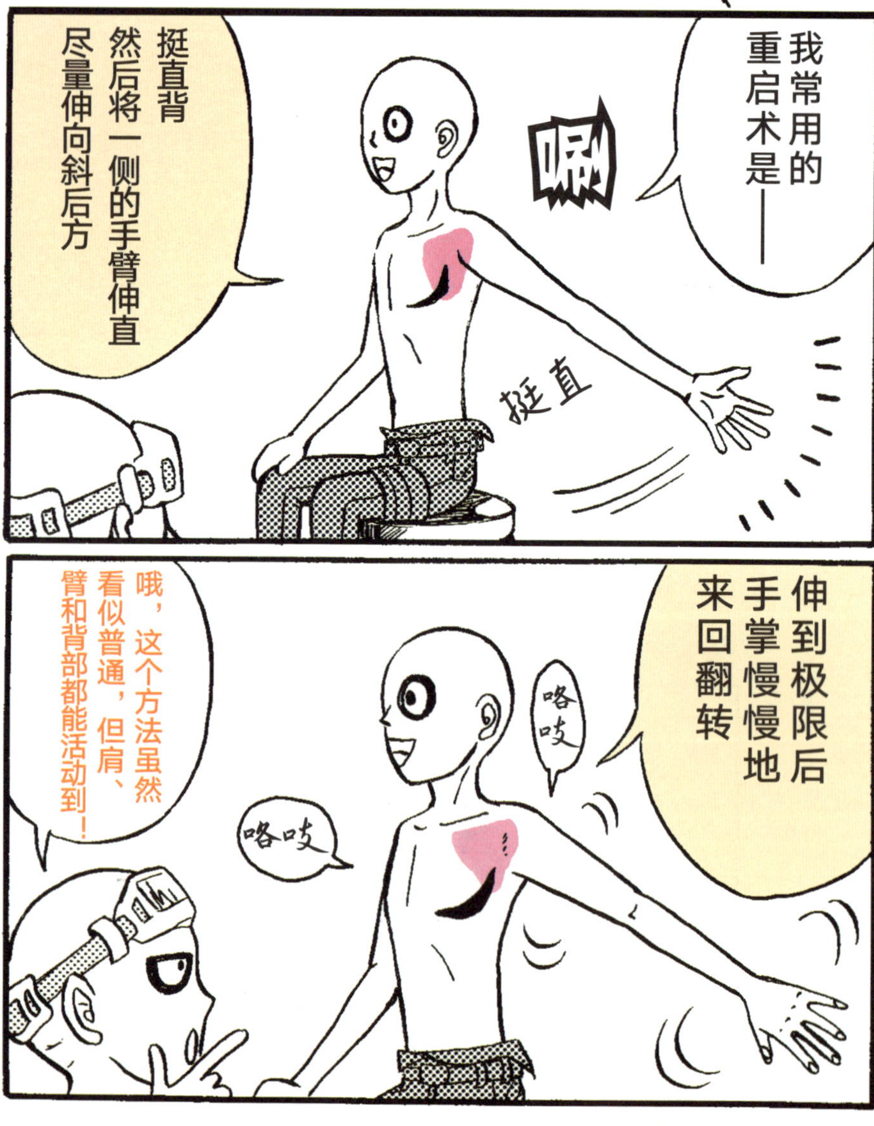
我常用的重启术是——
嘣
挺直背
然后将一侧的手臂伸直
尽量伸向斜后方
挺直
伸到极限后
手掌慢慢地
来回翻转
咯吱
咯吱
哦，这个方法虽然
看似普通，但肩、
臂和背部都能活动到！

找准那个让你觉得“痛并舒服”的点。“重启”也要适度哦！

每个方向各做 5 到 10 次，同时要保持一个轻松的呼吸频率。“肩部重启术”配合着手臂的转动，不仅能活动肩胛骨，还能消除手臂的疲惫。由于手臂的活动需要肩部的支持，所以肩痛一定程度上就是由手臂无力引起的。手臂舒服了，肩痛自然也能缓解。

如此简单随意的重启术，就让我们随时做起来，提早预防疲惫的积蓄吧。

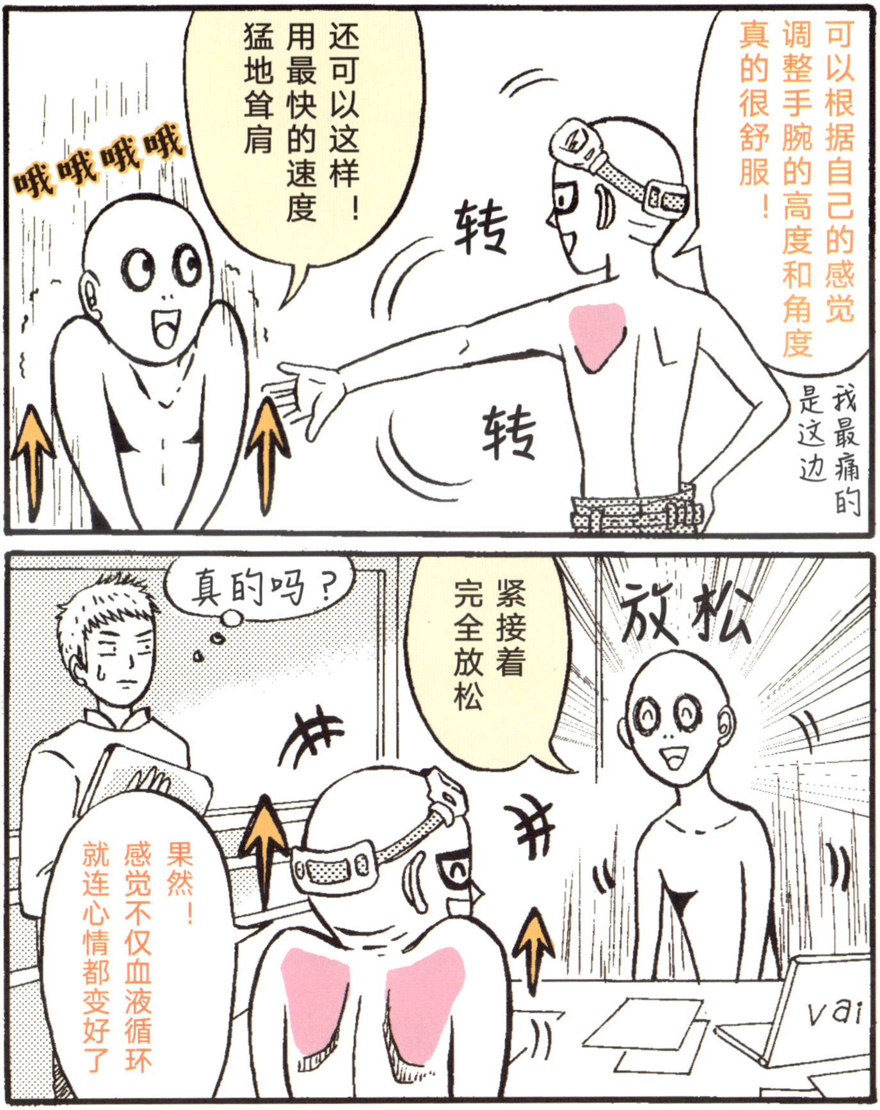
可以根据自己的感觉调整手腕的高度和角度真的很舒服！
我最痛的是这边
转
转
还可以这样！用最快的速度猛地耸肩
哦哦哦哦
紧接着完全放松
放松
真的吗？
果然！感觉不仅血液循环就连心情都变好了
vai

“拉手重启术”解放疼痛难忍的颈部

～从脖子深处到肩膀周围一口气解放～

脖子胀痛，实际是我们颈部的肌肉和血管出现了状况。
心理压力或外力的压力在使我们紧张的同时，也会让我们的肌肉变得紧绷。
只需在平时“扭脖子”的基础上加一点小技巧，就能一并解决脖子和肩膀的疼痛。

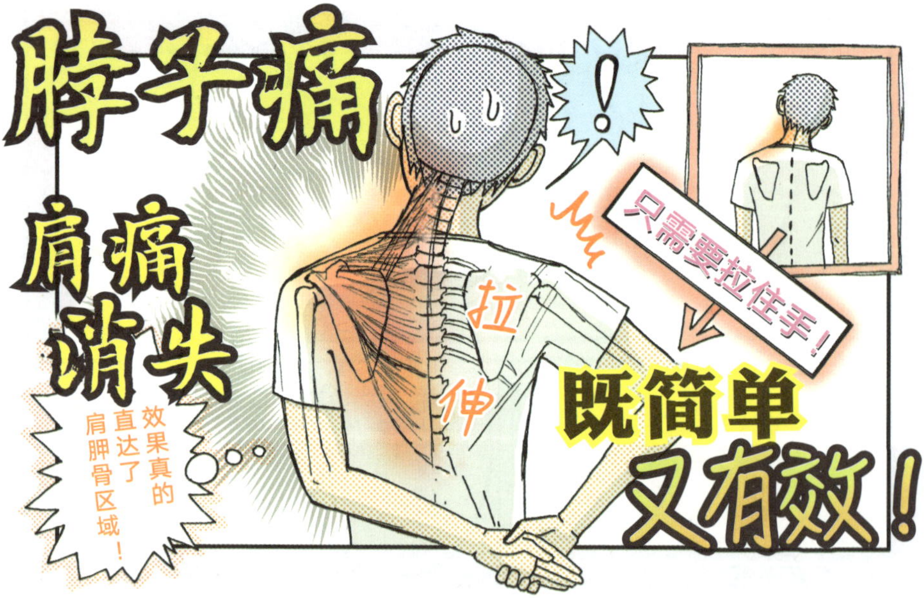
脖子痛
肩痛消失
效果真的直达了肩胛骨区域！
拉
伸
只需要拉住手！
既简单又有效！

为了让重启术更有效，注意不要耸肩

颈部的血管承担着向大脑输送血液的任务，十分重要。血管四周的肌肉变得太过僵硬的话，血管向大脑输送氧气时就会受阻，你也会因此变得或是哈欠连天、困意十足，或是心情烦躁……

“背后拉手”这个动作可以帮你锁死你的肩胛骨与锁骨，因此用这个技巧配合平时的“扭脖子”动作，就可以轻松拉伸到“肩痛的根源”——肩胛提肌与斜方肌。

而且肩胛提肌与斜方肌还连接着颈部，所以这个动作真可以说是一石二鸟！

轻松简单·拉手小技巧

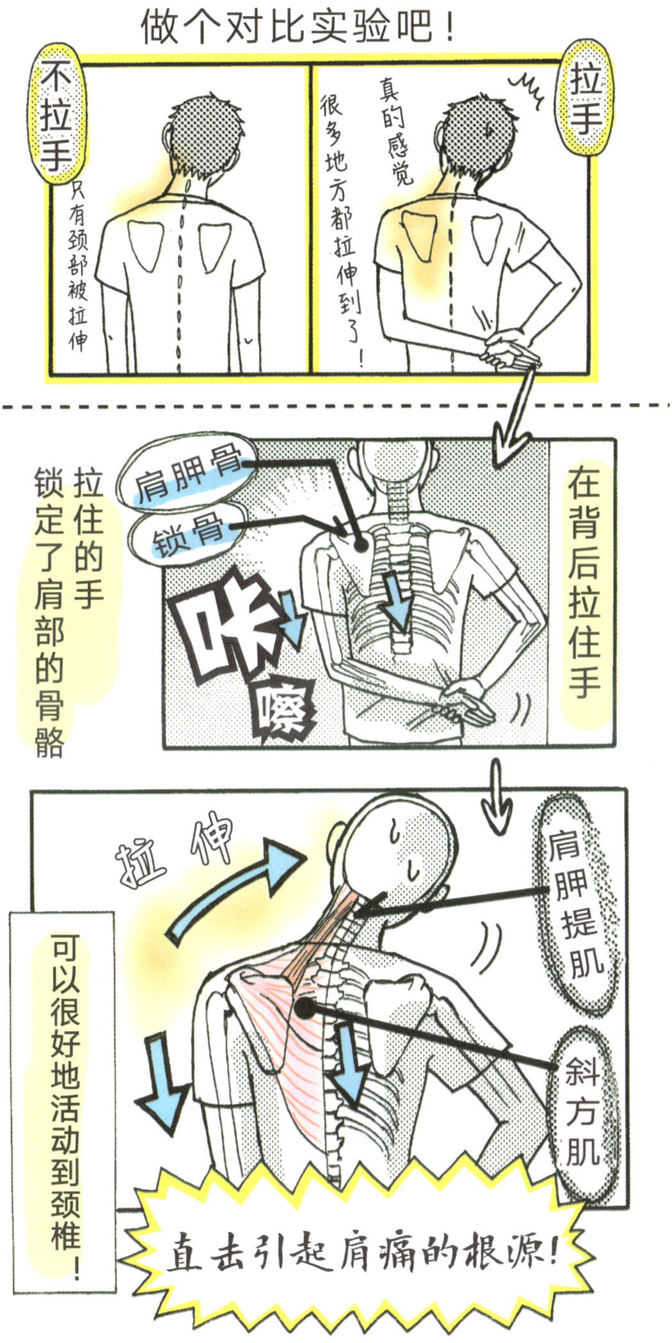

做个对比实验吧！
不拉手
只有颈部被拉伸
拉手
真的感觉很多地方都拉伸到了！
拉住的手锁定了肩部的骨骼
肩胛骨
锁骨
咔嚓
在背后拉住手
拉伸
肩胛提肌
斜方肌
可以很好地活动到颈椎！
直击引起肩痛的根源！

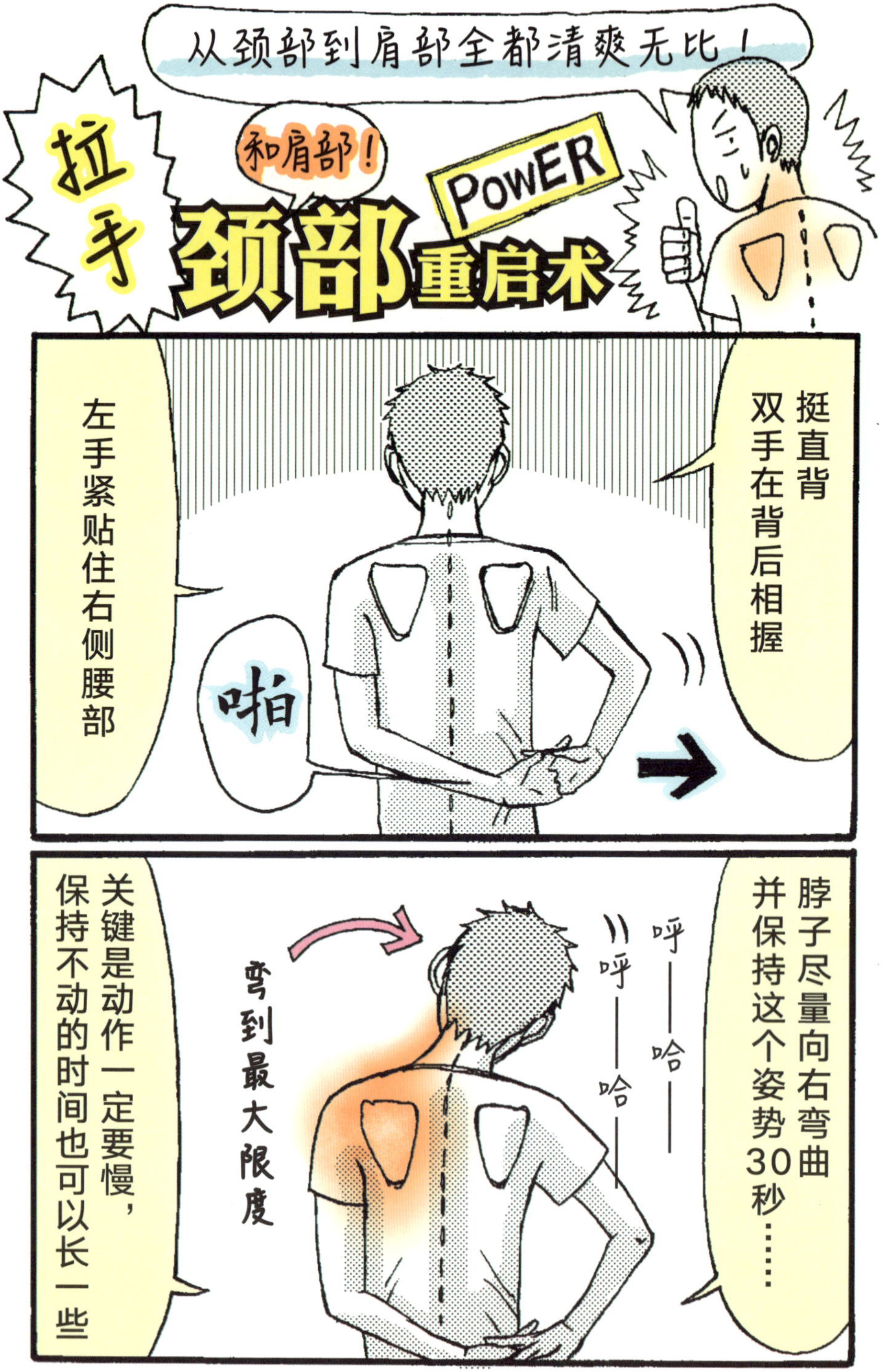
从颈部到肩部全都清爽无比！
拉手
和肩部！
颈部
POWER
重启术
挺直背
双手在背后相握
左手紧贴住右侧腰部
啪
脖子尽量向右弯曲
并保持这个姿势30秒……
呼——哈——
呼——哈——
弯到最大限度
关键是动作一定要慢，
保持不动的时间也可以长一些

拉伸颈部时要温柔、舒缓、小心！

颈部遍布血管和神经，是个非常脆弱的区域，所以动作一定要温柔，谨记适度拉伸，以防拉伸过度给自己造成伤害。

另外，稍微调整一下颈部的角度或是配合头部的摇摆能帮我们拉伸到更多小肌群。颈部也可以尝试向前、向后等各个方向弯曲。

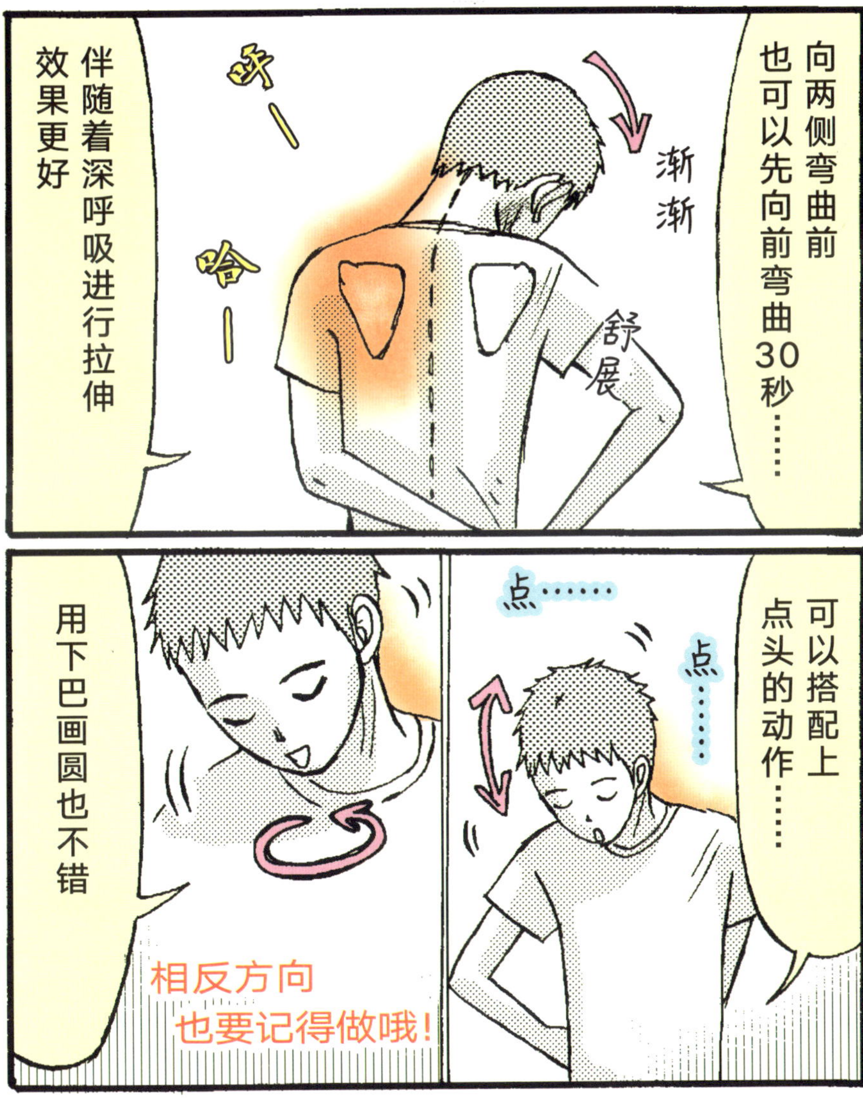

向两侧弯曲前也可以先向前弯曲30秒……
渐渐
舒展
呼——
哈——
伴随着深呼吸进行拉伸效果更好
可以搭配上点头的动作……
点……
点……
用下巴画圆也不错
相反方向也要记得做哦！

学到了
你就偷笑吧

身体重启小妙招

这里是能帮你利用起最零散的时间，就连三心二意都能完成的“身体重启小妙招”。本节将介绍不论何时何地都能利用的“手部穴位刺激法”，以及“小臂重启术”。

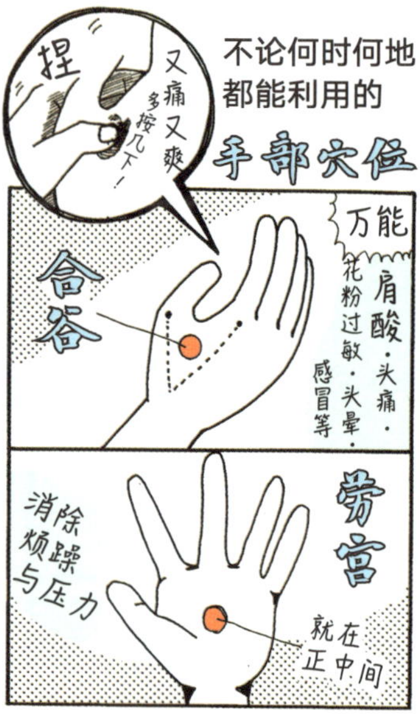

不论何时何地
都能利用的
手部穴位
捏
又痛又爽
多按几下！
合谷
万能
肩酸·头痛·
花粉过敏·头晕·
感冒等
劳宫
消除
烦躁
与压力
就在
正中间

手上大拇指与食指骨头相连的地方就是“合谷穴”。它被称作“万能穴位”，对缓解肩酸、头痛、眼睛累、鼻塞等都有效果。手心正中间的穴位是“劳宫穴”，对减轻心理压力等非常有效。

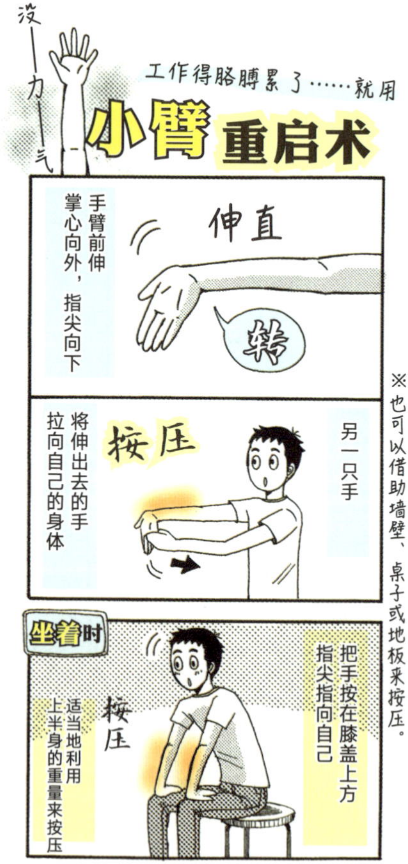

没——力——气
工作得胳膊累了……就用
小臂重启术
手臂前伸
掌心向外，指尖向下
伸直
转
将伸出去的手
拉向自己的身体
按压
另一只手
※也可以借助墙壁、桌子或地板来按压。
坐着时
把手按在膝盖上方
指尖指向自己
适当地利用
上半身的重量来按压
按压

用手握住或拿起什么东西时，手腕屈肌群特别容易疲劳僵硬，这个方法不仅可以重启手腕屈肌群，还可以预防腱鞘炎。坐在椅子上做这个动作时如果手实在没办法贴紧大腿，也可以让手掌根稍微翘起来一些。

PART 2

工作的劲敌！眼睛和脖子的疼痛要这么解决

对付视疲劳 按这里就对了

～按压眼周，帮你“眼前一亮”～

眼睛的疲劳绝对不容忽视，如果放任它发展很可能引起更严重的状况。
而按压“穴位”可以帮助你改善眼部的血液及淋巴循环，
让双眼能够更好地利用颈部输送上来的营养，从而预防、改善眼部问题。

眼睛疲劳对策!!
太阳
鱼腰
攒竹【缓解视疲劳】
视疲劳十分可怕
会让人视线模糊
双眼刺痛！
穴位按压
颈部重启
是有解决办法的！

通过按压“穴位”来改善眼周血液及淋巴循环

视疲劳是因为眼睛周围的肌肉累了，让我们多做一做穴位按压，帮我们的眼睛重焕光彩吧。

“攒竹穴”主要用来缓解眼部疲劳、眼干，以及头痛；“鱼腰穴”则对缓解散光和老花眼十分有效。

“鱼腰穴”位于眉毛正中，稍微有些凹陷的位置。双手拇指分别放在两侧的鱼腰穴上，向上推按就可以啦。

另外，按压两侧鬓角前方凹陷部位的“太阳穴”也十分有效。不过，在按压这些眼周穴位时要注意别下手太重哦。

超级舒服

应对视疲劳的穴位按压法！

※ 攒竹穴位于眉头下方的凹陷处

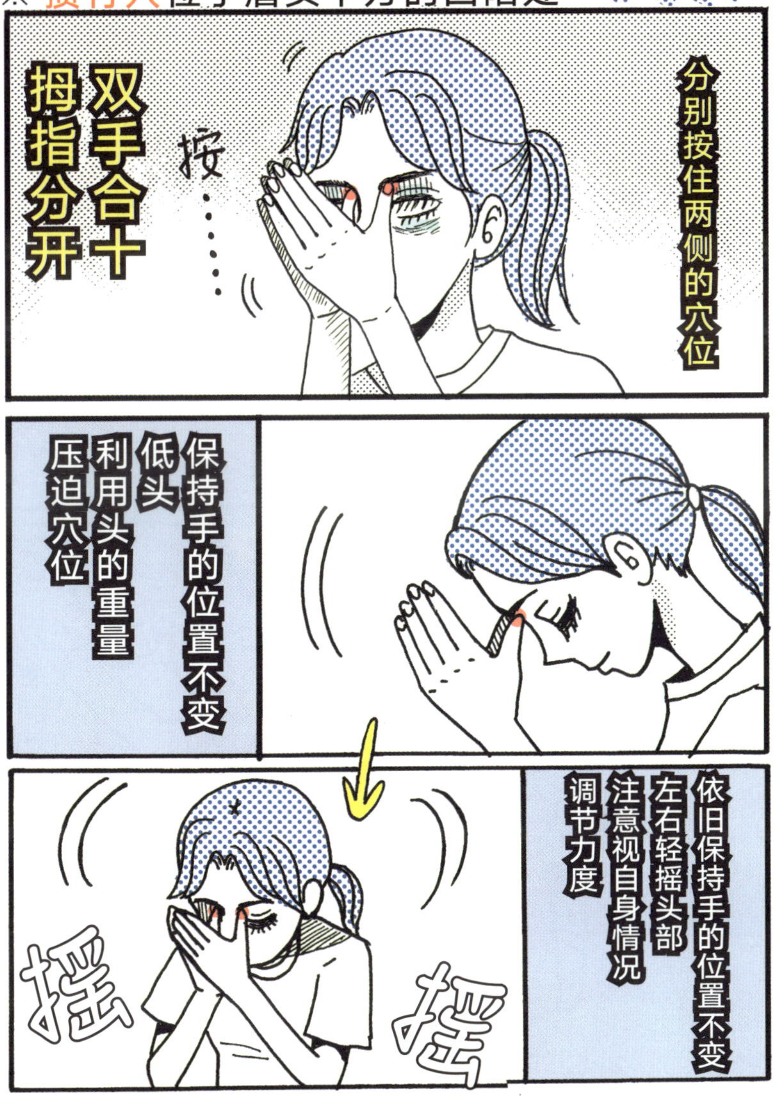
双手合十
拇指分开
按……
分别按住两侧的穴位
保持手的位置不变
低头
利用头的重量
压迫穴位
摇
摇
依旧保持手的位置不变
左右轻摇头部
注意视自身情况
调节力度

视疲劳的系统工程师北島君

累死了！这种杂活丢给新人去做不就好了
不行了得活动一下脖子
挺直背双手抱在头后
挺直
双肘在头前方尽量并拢利用手臂的重量向下牵引头部

颈部放松了，眼睛的疲劳也能减轻！

眼睛过度疲劳的话，那种紧张感会沿着神经和肌肉进行传递，最终导致头痛或脖子痛。由于眼部肌肉与颈部肌肉有一定的联系，所以在放松颈部的同时自然也能帮助缓解视疲劳。而且，颈部放松后头部就能接收更多新鲜血液，眼周的血液循环借此也能有所改善，我们的大脑和视力也会因此重获活力。

轻轻地
左右摇摆
寻找最难受的点
摇摆
!
vaio
摇摆——
找到最难受的地方后停住，做个深呼吸
呼——
哈——
这孩子……居然这么认真地对待这项工作！
血液流动似乎逐渐加快了

用眼过度
快用“速效轻柔按摩法”

～放松眼周肌肉，眼睛转得更快了～

看手机、电脑、电视时间长了以后，会导致眼皮很重、视线模糊……这是在告诉你，你的眼睛累了。眼周的肌肉僵硬、血液流通不畅时，强烈推荐你靠手掌的温度给自己来个眼部按摩！

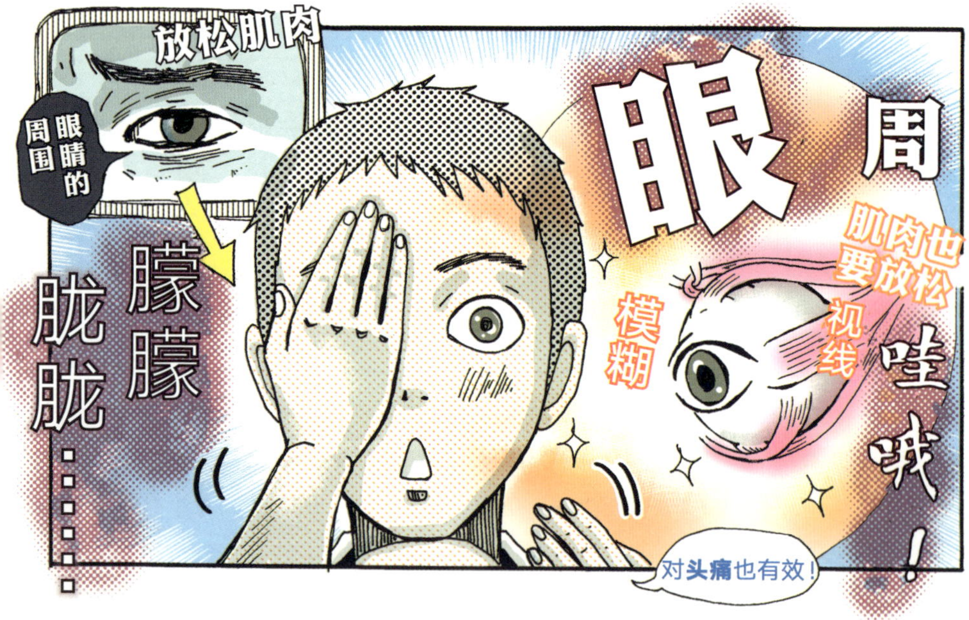
放松肌肉
眼睛的周围
朦朦胧胧……
眼周
肌肉也要放松
模糊
视线
哇哦！
对头痛也有效！

和肩痛一样，眼睛不适多半也是因为肌肉僵硬了

当你全神贯注地盯着电子屏幕时，你的眼睛会停止动作，就连眨眼的频率都会下降到平时的四分之一。

眨眼频率降低后，眼泪的分泌也会减少，眼睛就会觉得干涩。同时，就像肩痛的原因一样，你的眼部肌肉，比如负责眼皮开合的眼轮匝肌以及负责眼球转动的眼球外肌，在长时间保持同一个姿势后也会变得僵硬，导致眼部不适。

同时，血液流通不畅也导致其没法将足量的氧气和其他营养物质运输到眼周的肌肉那里。如果能将血液循环调整好，眼睛也会变得十分清爽。

■视疲劳的原因！■

盯——
盯——
视线一直集中在一个地方

1 眨眼频率降低

眼泪都干了

2 不活动的肌肉变得僵硬！

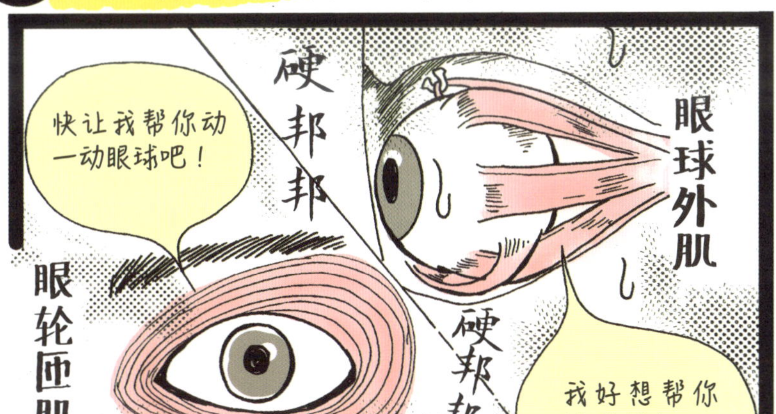

硬邦邦
快让我帮你动一动眼球吧！
眼球外肌
眼轮匝肌
硬邦邦
我好想帮你眨眼啊！

捂住眼睛，提升眼部温度，缓解肌肉僵硬！

和肩痛一样呢

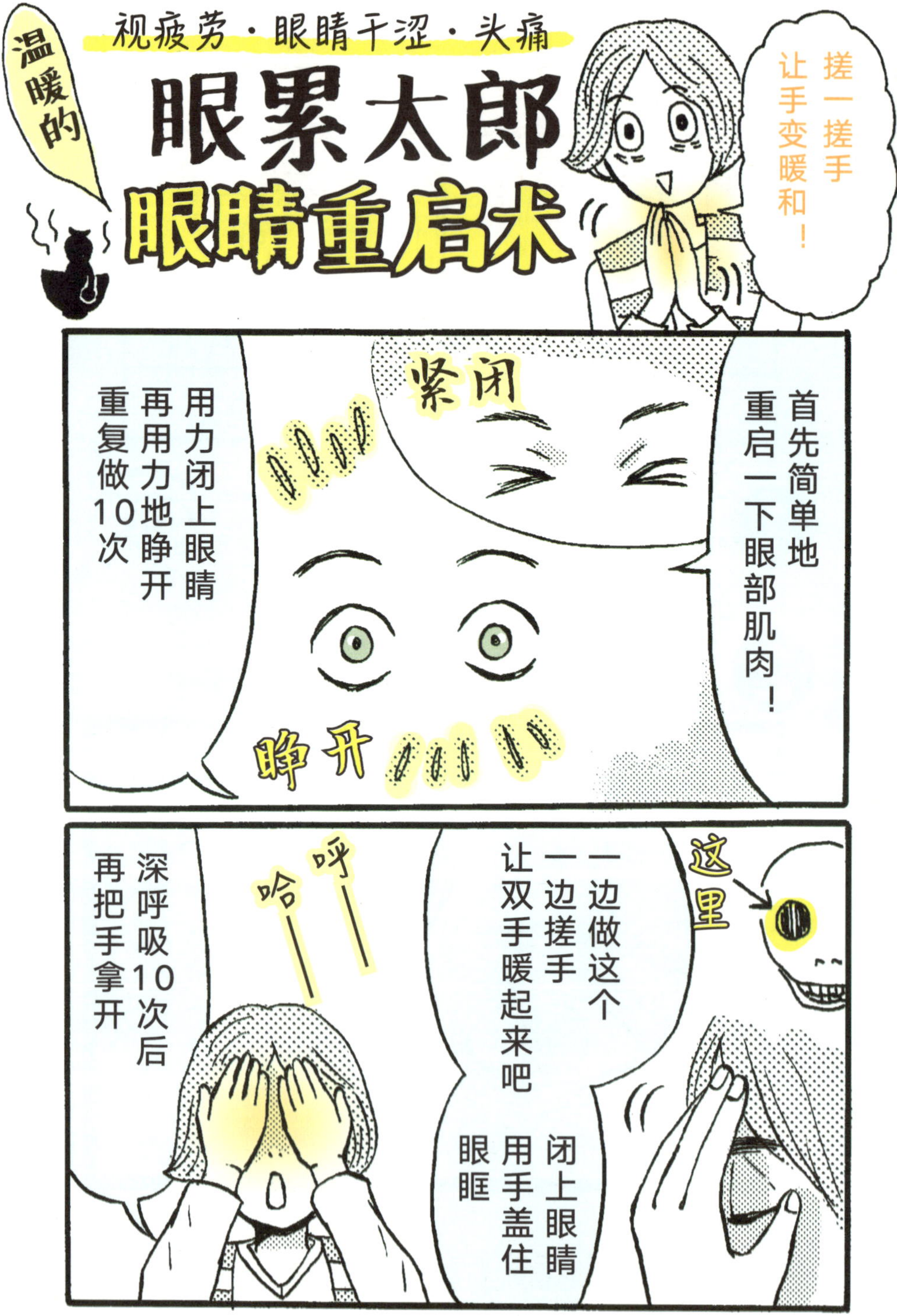
视疲劳·眼睛干涩·头痛
温暖的
眼累太郎
眼睛重启术
搓一搓手
让手变暖和！
首先简单地
重启一下眼部肌肉！
紧闭
用力闭上眼睛
再用力地睁开
重复做10次
睁开
这里
一边做这个
一边搓手
让双手暖起来吧
闭上眼睛
用手盖住
眼眶
呼
哈
深呼吸10次后
再把手拿开

借助眨眼和手的温度给滞缓的血液注入活力！

注意不要压迫到眼球。眼周的皮肤和肌肉纤薄又脆弱，一定要注意力度哦。这套动作用 3 分钟左右做完就好，不要太久也不要太快，一定注意别给眼睛带来不必要的负担。

眼睛所需的主要是氧气和血液中的其他营养物质，因此深呼吸是缓解视疲劳的关键步骤。

建议手脚发凉的人先用马克杯之类的物品把手掌焐热。

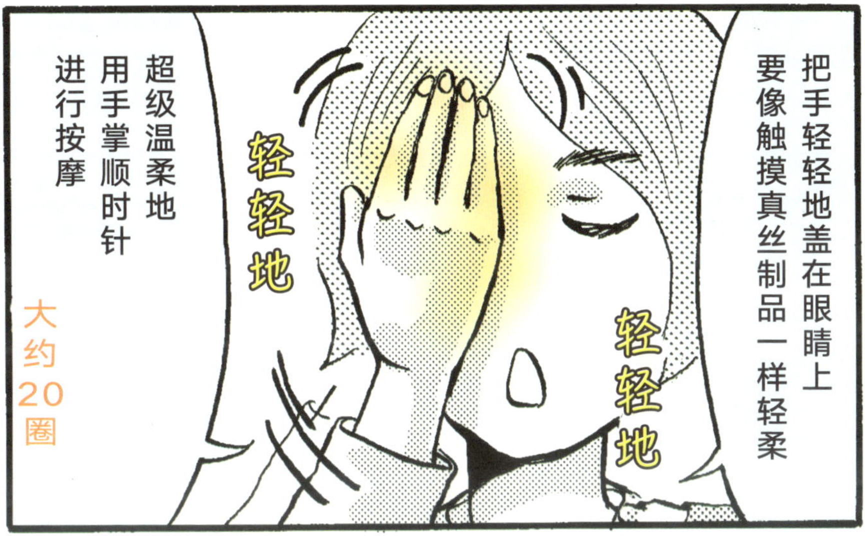

把手轻轻地盖在眼睛上
要像触摸真丝制品一样轻柔
轻轻地
轻轻地
超级温柔地
用手掌顺时针
进行按摩
大约20圈

※注意不要压到眼球哦！

把手移开后……
感觉眼睛渐渐清爽了
眼前一亮！
另一侧同理
不要忘了和缓地呼吸

脖子两侧痛
要先放松“胸锁乳突肌”

~ 颈部的紧张感解除了，心情也能放松下来 ~

颈部僵硬有很多种，其中一种是感觉脖子两侧紧绷、有压迫感。
尽管这种症状非常容易影响到邻近的喉部与颈动脉，却很少有人知道如何应对。
实际上，关键就在我们颈部两侧的大肌肉——胸锁乳突肌。让我们马上来重启这里吧！

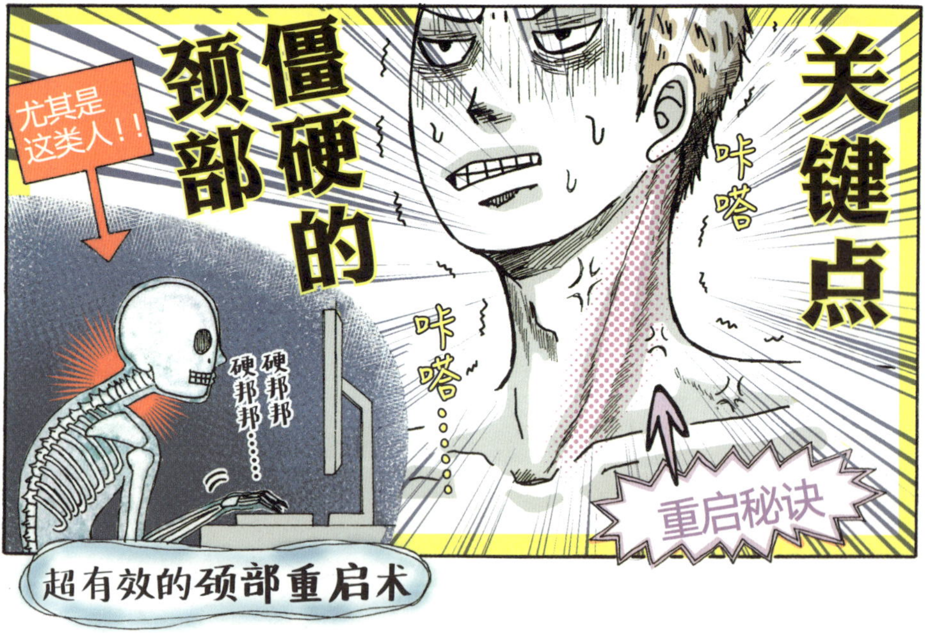
颈部僵硬的
尤其是这类人！！
硬邦邦硬邦邦……
关键点
咔嗒
咔嗒……
重启秘诀
超有效的颈部重启术

我们的压力与“胸锁乳突肌”息息相关

除了案头工作或家务等要求我们保持身体前倾的事务会导致我们颈部僵硬以外，我们的肉体或精神上的压力也会成为颈部僵硬的原因。

而“胸锁乳突肌”不仅和我们体内调节压力的“自律神经”有一定的联系，它本身也是个很容易疲劳的部位，在我们低头工作时，它受到的压迫尤其之大。

再加上“胸锁乳突肌”周围分布着很多淋巴结，所以我特别推荐大家不时地重启一下这个部位，同时也能帮助我们更好地排出代谢废物。

导致颈部僵硬的主要是这三块肌肉

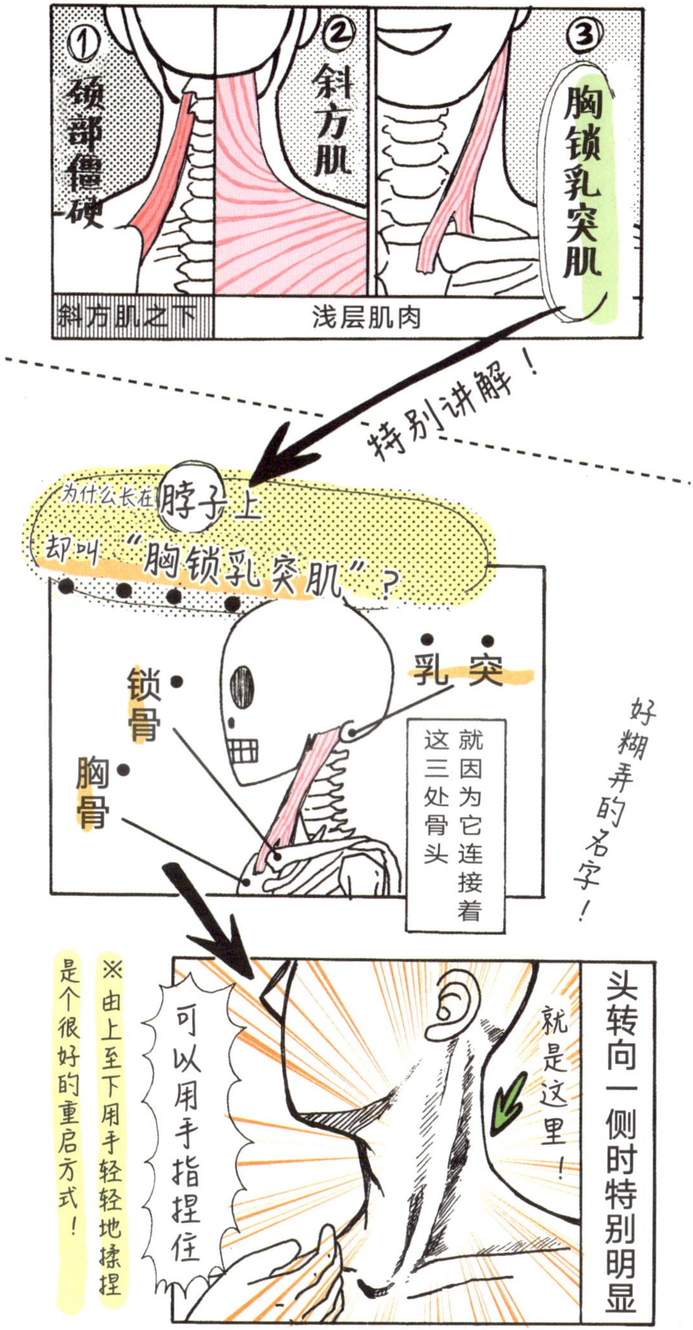
①颈部僵硬
②斜方肌
③胸锁乳突肌
斜方肌之下
浅层肌肉
特别讲解！
为什么长在脖子上却叫“胸锁乳突肌”？
乳突
锁骨
胸骨
就因为它连接着这三处骨头
好糊弄的名字！
头转向一侧时特别明显
就是这里！
可以用手指捏住
※由上至下用手轻轻地揉捏
是个很好的重启方式！

插画师

脖子软男的
颈部重启术

颈部的僵硬可以通过
放松颈部周围的
区域来缓解
有三个秘诀！

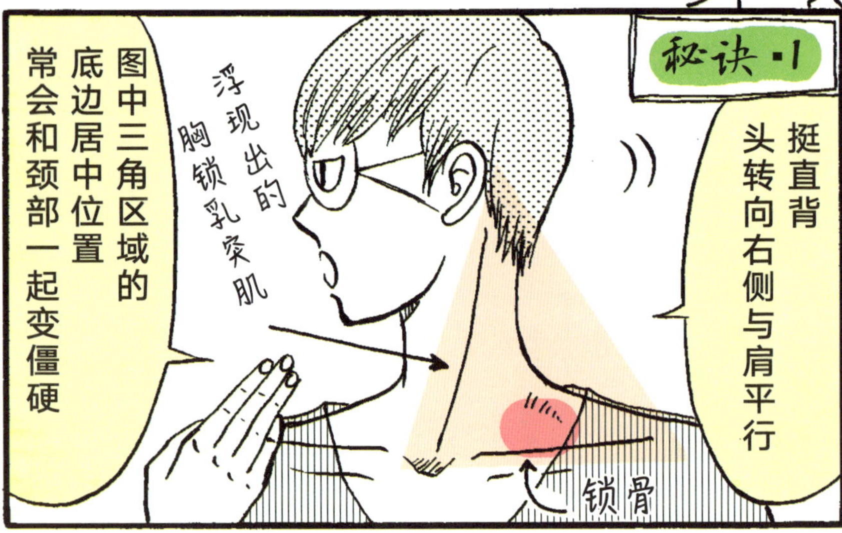
秘诀·1
挺直背
头转向右侧与肩平行
浮现出的
胸锁乳突肌
锁骨
图中三角区域的
底边居中位置
常会和颈部一起变僵硬

右手食指、中指、无名指并拢
压住该区域10秒
盯……
盯……
压……
保持手部位置不变，头转向左侧，
再按10秒
记得另一侧的三角区域也要这么按哦

从痛处的四周开始放松是一条捷径

试着温柔地按一按颈动脉附近的区域吧，记得呼吸节奏要平缓哦。胸锁乳突肌的四周放松了，头、肩、颈部的血液循环就会变好，对消除紧张感十分有效。另外淋巴循环也会更顺畅，我们也能借此消除肌肉僵硬与浮肿。最重要的是这种方法能帮我们调整自律神经的状态，摆脱心烦气躁或失眠等精神问题。

秘诀▪2
按摩耳垂
或是将它上下左右地
牵引、旋转
揉
揉
要不紧不慢地做上30秒哦
这也能帮助改善颈部的血液循环
而且特别舒服
秘诀▪3
挺直背
将一侧手臂抬至与
肩同高
同时头倒向另一侧
面部保持朝向前方
转
手掌慢慢地来回翻转
与肩关节联动的颈部
也会变得非常舒爽！
转
每一侧
做 20 秒

“毛巾重启术”处理顽固后颈痛

~从后脑直至背部，将积累的疲惫一扫而空~

颈部是个非常容易肌肉僵硬，却又很难放松的部位。
而这招毛巾重启术可以帮你毫不费力地摆脱颈部的僵硬，
就连难以触及的深层肌肉都能一并解放！

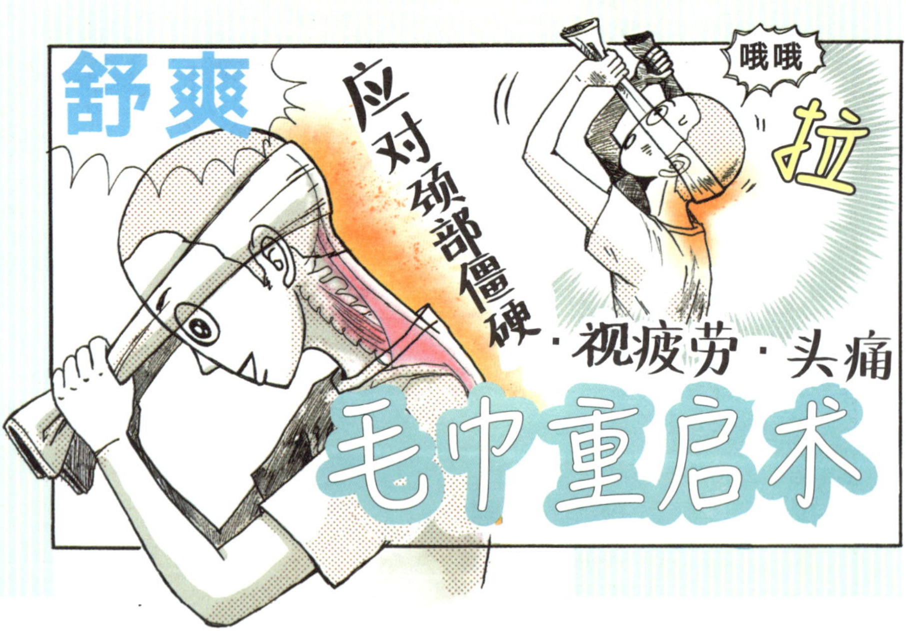
舒爽
应对颈部僵硬·视疲劳·头痛
毛巾重启术
哦哦
拉

颈后部的僵硬会引起视疲劳与头痛

人们从事脑力劳动或长时间处于高压紧张状态时，很容易导致脑后部与颈后部的肌肉僵硬。

脑后部及颈部上部区域分布着很多用来向脑部供血的动脉，以及控制这些动脉的神经。如果这些区域的肌肉过于僵硬，会导致脑部供血困难，使大脑接收不到足量的氧气及其他营养物质，我们也会因此感觉太阳穴等处隐隐作痛，眼睛也很容易变得疲劳。

所以，就让我们用“毛巾重启术”彻底消除颈后部的僵硬吧！

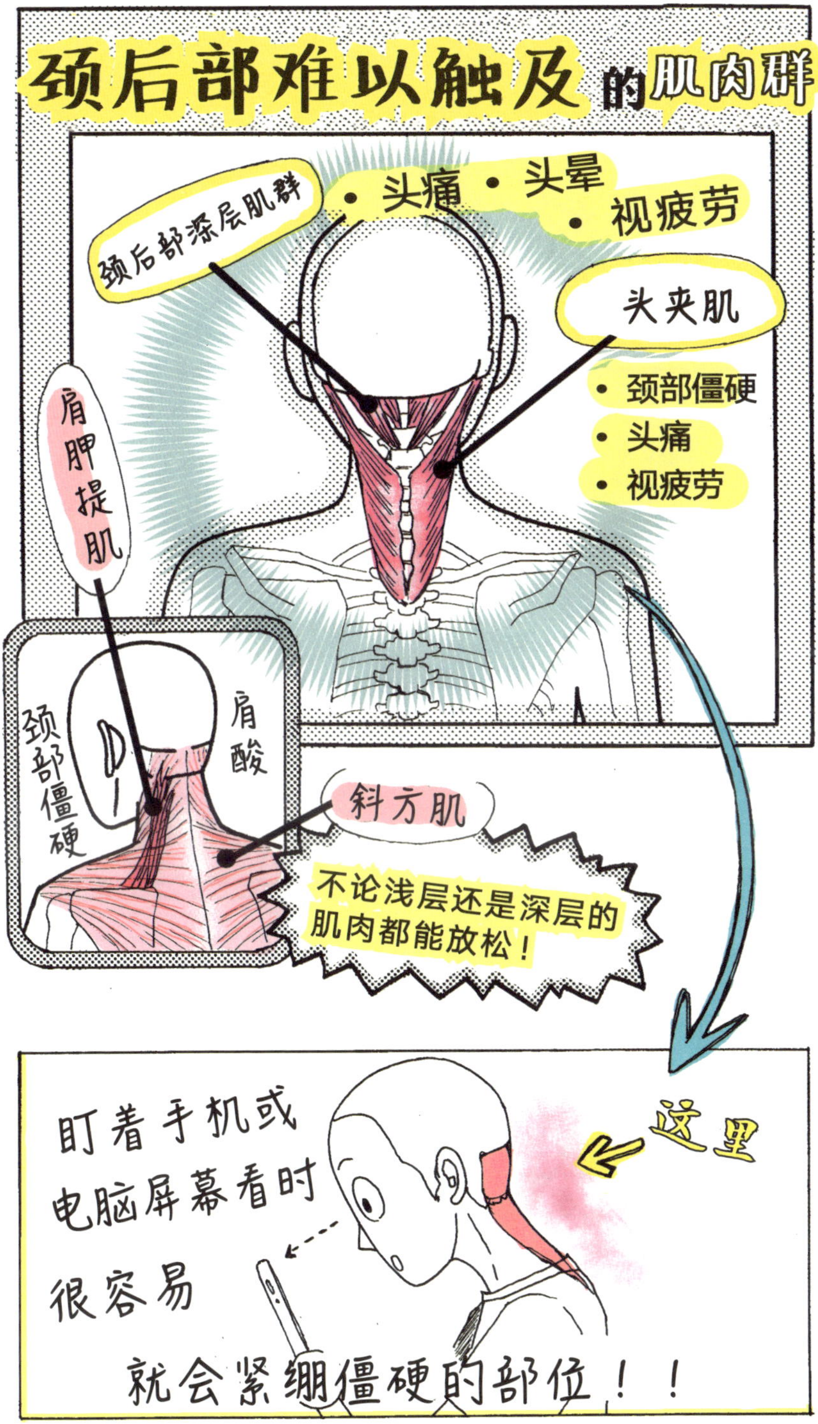
颈后部难以触及的肌肉群
颈后部深层肌群
• 头痛 • 头晕
• 视疲劳
头夹肌
• 颈部僵硬
• 头痛
• 视疲劳
肩胛提肌
颈部僵硬
肩酸
斜方肌
不论浅层还是深层的肌肉都能放松！
盯着手机或
电脑屏幕看时
很容易
就会紧绷僵硬的部位！！
这里

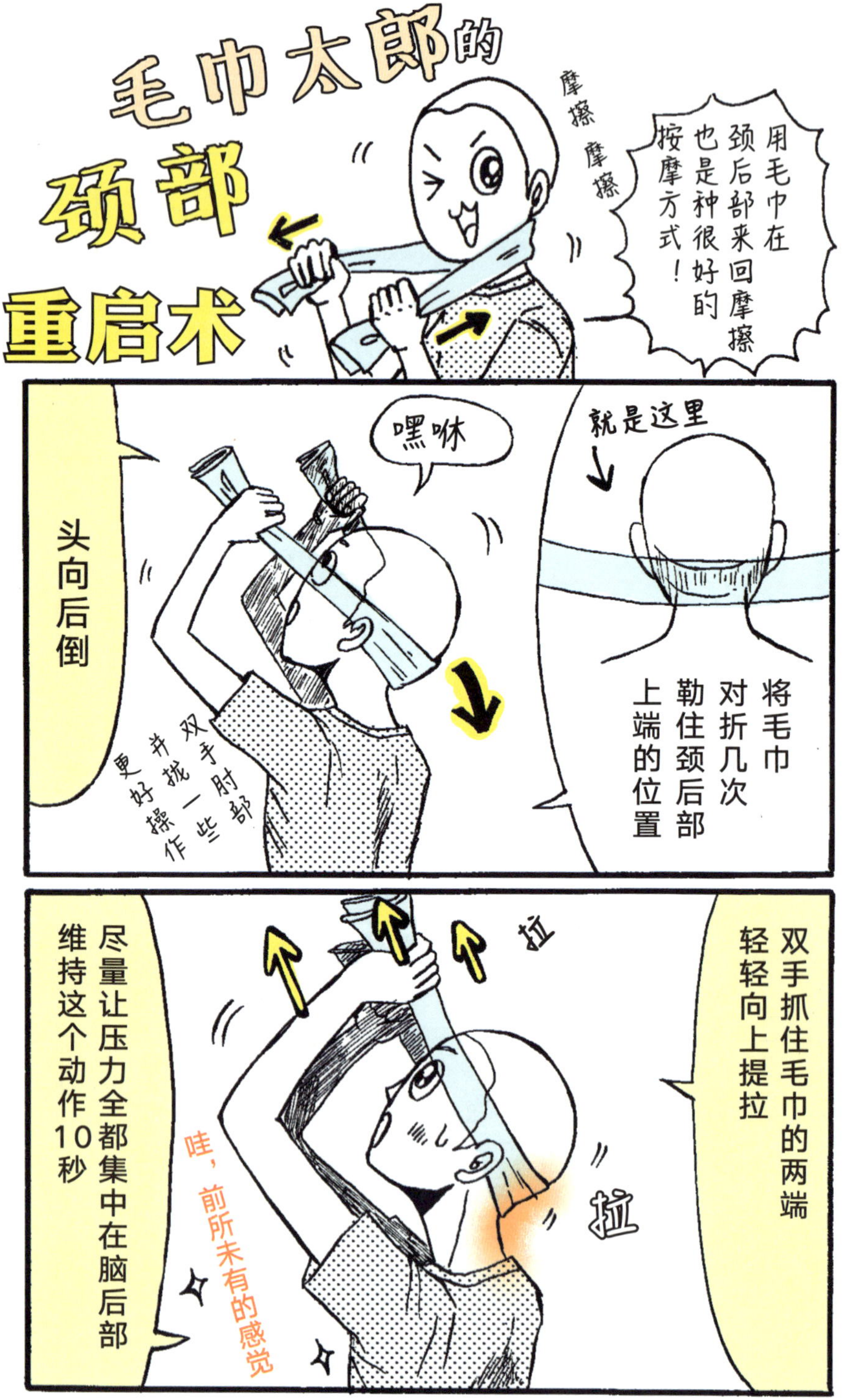
毛巾太郎的颈部重启术
用毛巾在颈后部来回摩擦也是种很好的按摩方式！
摩擦 摩擦
就是这里
将毛巾对折几次勒住颈后部上端的位置
嘿咻
双手肘部并拢一些更好操作
头向后倒
双手抓住毛巾的两端轻轻向上提拉
拉
拉
哇，前所未有的感觉
尽量让压力全部集中在脑后部维持这个动作10秒

感受僵硬紧绷从颈部上端开始渐渐缓解

试着将毛巾搭在耳朵上方，或是调整一下握持毛巾的力度与方法吧。没有毛巾的话，用 T 恤或其他任何长度合适的布制品都可以。

这个动作不仅可以放松颈后部，还可以刺激背部，对肩酸也有一定的缓解效果。而且颈后部放松了，视线会变得更清晰，也会更开心、更有精神，对全身来说都是一次很好的放松。

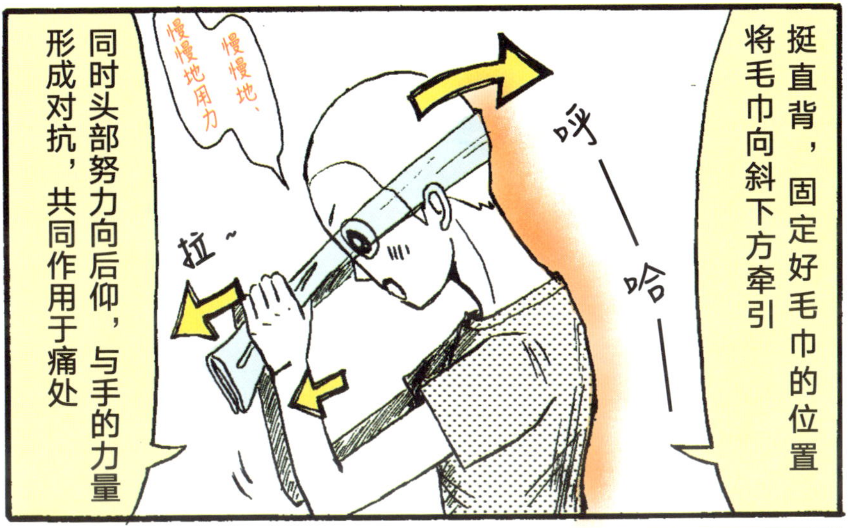

挺直背，固定好毛巾的位置
将毛巾向斜下方牵引
呼——
哈——
慢慢地、
慢慢地用力
拉~
同时头部努力向后仰，与手的力量
形成对抗，共同作用于痛处

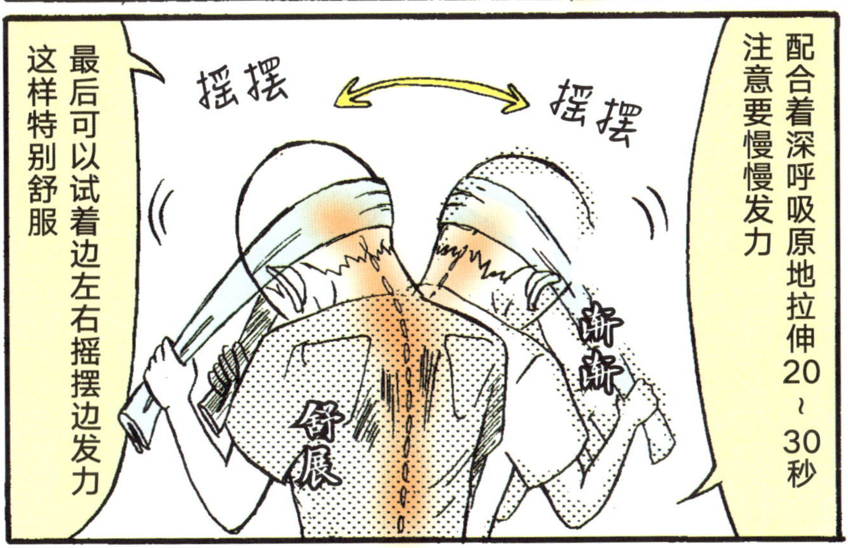

配合着深呼吸原地拉伸20~30秒
注意要慢慢发力
摇摆
摇摆
渐渐
舒展
最后可以试着边左右摇摆边发力
这样特别舒服

学到了
你就偷笑吧

身体重启小妙招

这里是能帮你利用起最零散的时间、就连三心二意都能完成的“身体重启小妙招”。本节将告诉大家“转脖子到底该怎么转”，并教大家一个对重启疲惫的双眼非常有效的“头皮按摩术”。

转脖子到底该怎么转

转……转……
转脖子时幅度一定要尽量地大动作也要尽可能地慢！
脖子后仰时会给颈椎和颈部肌肉带去很大刺激，所以一定要量力而为
反向同理
由于颈椎与脊椎相连所以转脖子时连同上半身一起转效果更好
以胸部为中心充分发挥脊椎的柔韧性整个上半身都能得到放松
喵~

转脖子时，最重要的是避免高强度的动作，只凭借头的重量来轻柔地转动。另外，因为颈椎、胸椎、腰椎都是脊椎的一部分，所以以胸部为中心整体转动效果也非常棒。

办公桌前给自己来个头皮按摩

推荐穴位
百会
消除压力·困意！
头顶正中
风池
视疲劳
肩酸
头痛
天柱
就像在洗头一样！
头皮按摩术
唰
唰
五指分开覆盖范围更大！
按摩有助血液循环

“风池穴”位于颈后部上端、耳朵后方突起的骨头向内 2~3 厘米的凹陷处，与耳垂平行。这个穴位对改善头部血液循环，缓解视疲劳及头痛都非常有效。头顶正中的“百会穴”则可以帮助缓解紧张感与压力，减轻头痛。

PART 3

不再输给睡眠不足
困意清除术

重启昏昏欲睡的身心，“前屈倦意清除术”

~ 促进全身血液循环，大脑的疲惫也一扫而空！~

肩痛没有了，大脑也清醒无比，身体更是充满了活力。
就让我们用“全身倦意清除术”使我们的身心全都焕然一新吧！
另外，这招也叫作“鹤式”。

全身
倦意
清除！
战胜肩痛！！
唤醒大脑
侧面
血液循环！
加速

从头到脚，改善血液循环，让你的身体醒来吧！

我们身体中有许多“抗重力肌”，它们起到了帮我们抵抗重力、保持直立行走的姿势等十分重要的作用，因此也非常容易疲劳。

而“全身倦意清除术”可以帮我们拉伸、刺激身体后部的这些疲惫的肌肉，消解它们的疲劳感，促进全身的血液循环。

同时，这个姿势可以让我们将头置于比心脏更低的位置，这可以让更多血液流向头部，使我们的大脑更加清醒，更容易摆脱倦意，称得上是一举多得。

为什么前屈会让大脑更清醒？

1
我们可以把人体内的体液比作罐子中的调料
当头处于比心脏更低的位置时
体液（血液）可以更顺畅地流向头部
※大脑很贪吃，需要大量血液。
我要罢工！
给我营养！
大脑占用了我们体内约20%的血液！
2
血液抵达头部后！
血液把营养（葡萄糖等）和氧气送到啦！
我开吃啦！
哇！
充满活力

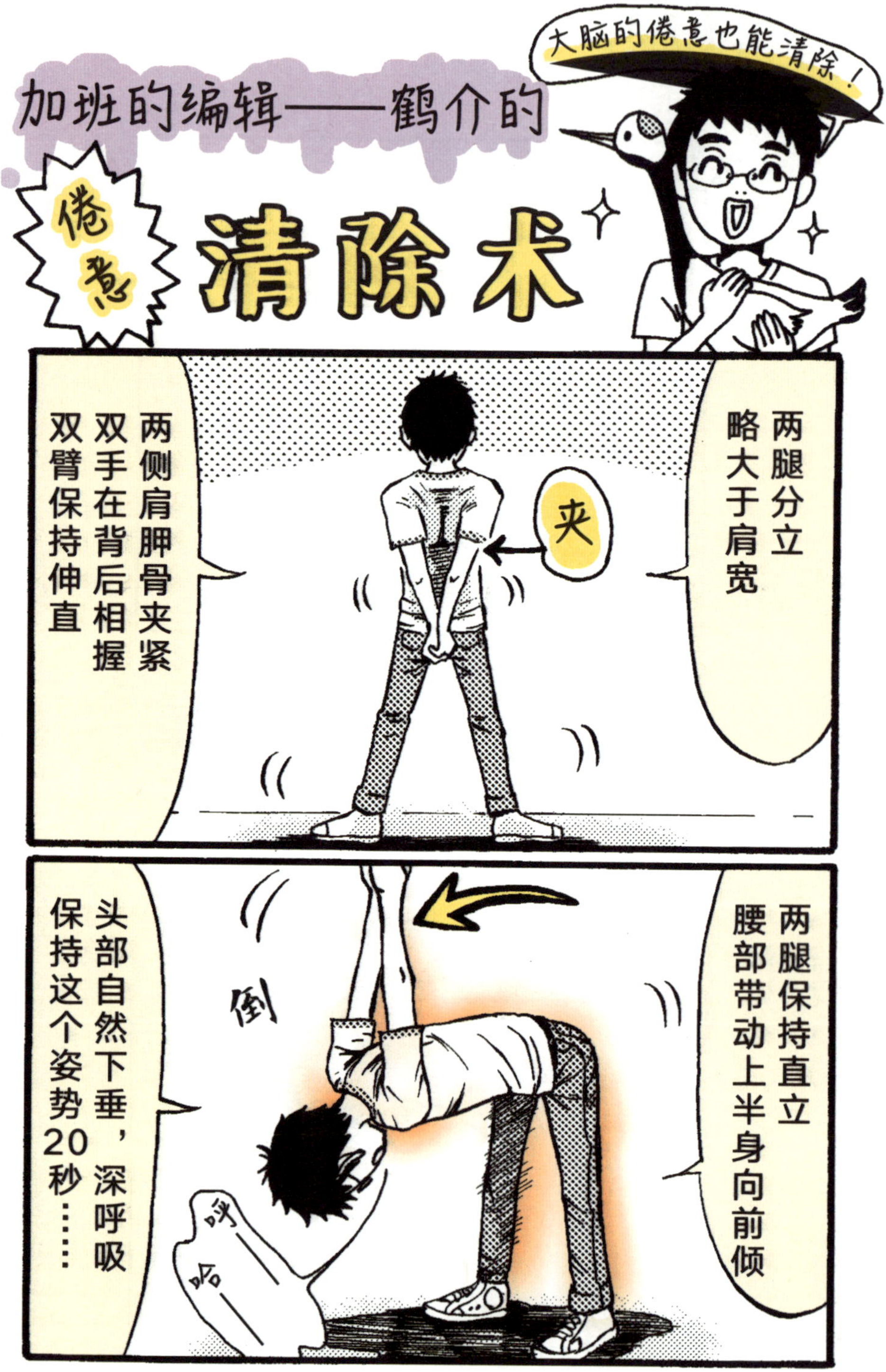
加班的编辑——鹤介的
倦怠清除术
大脑的倦怠也能清除！
两腿分立
略大于肩宽
夹
两侧肩胛骨夹紧
双手在背后相握
双臂保持伸直
两腿保持直立
腰部带动上半身向前倾
倒
头部自然下垂，深呼吸
保持这个姿势20秒……
呼
哈

上半身倾倒及起身时一定要小心！

一定注意，做完这个动作后要尽量慢地立起上半身，如果突然起身可能会导致头晕。由于这个动作要求我们并拢肩胛骨，所以我们的胸部可以得到充分的舒张，呼吸也会变得更顺畅，整个人都会更有精神。

“菱形肌”连接着脊椎与肩胛骨，是导致肩酸的原因之一。而我们这个动作不仅可以放松菱形肌，还可以拉伸双臂及背部的肌肉，就连大腿后侧的肌肉都能得到重启，这也有利于我们下半身的血液循环。

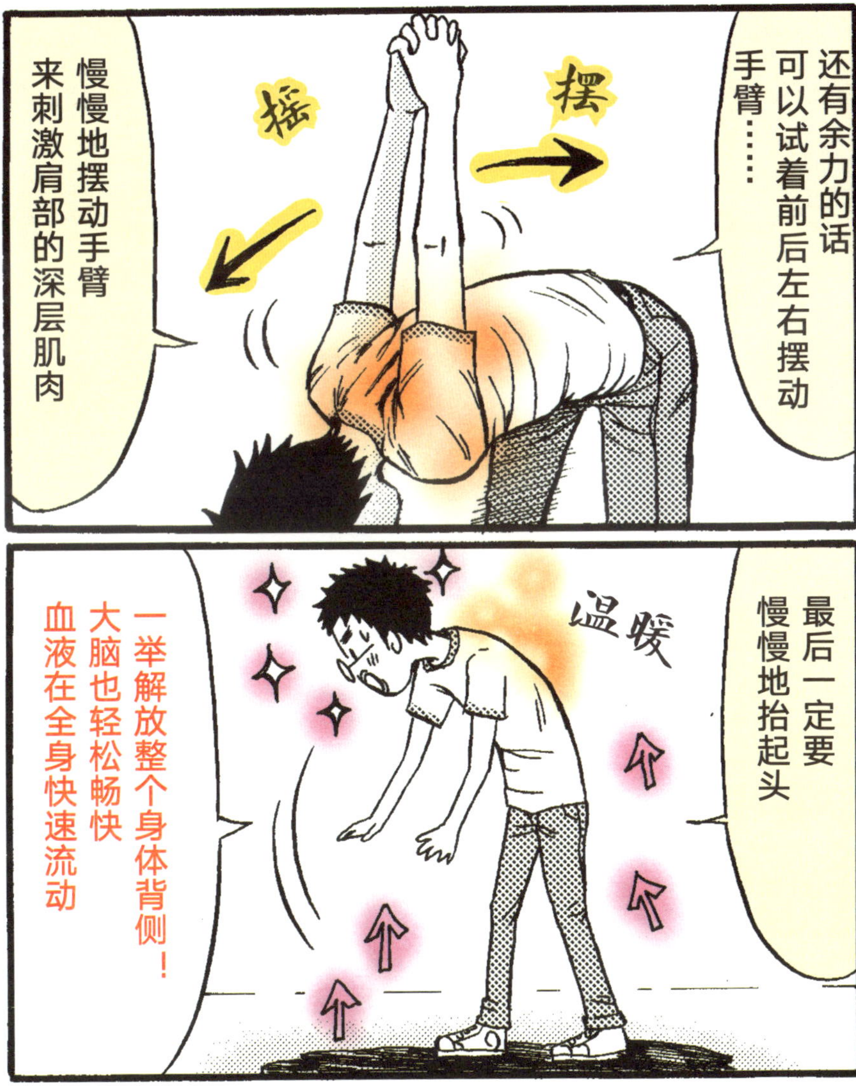
还有余力的话
可以试着前后左右摆动
手臂……
摆
摇
慢慢地摆动手臂
来刺激肩部的深层肌肉
最后一定要
慢慢地抬起头
温暖
一举解放整个身体背侧！
大脑也轻松畅快
血液在全身快速流动

感觉缺氧？该放松肋骨了！

～配上深呼吸，连肩痛都能减轻～

肋骨就像我们体内的一件铠甲，
保护着肺、心脏等对我们的生命活动至关重要的内脏。
让我们放松一下肋骨周围的肌肉，配合着深呼吸给我们的身心来个全面放松吧！

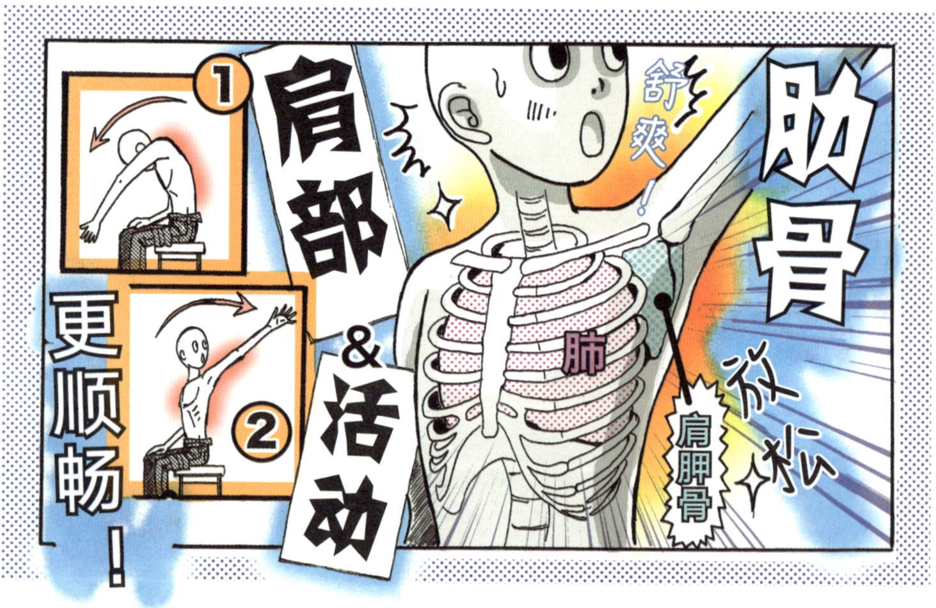

肋骨区域的肌肉如果僵硬了，会导致我们呼吸困难、容易疲劳

在我们呼吸时，肋骨会先整体向上、向外扩张，再向下、向内收缩。

肋骨的这种运动，是由我们肋骨与肋骨之间的“肋间肌”，以及连接着肋骨和胸部、颈部、腹部的数块与呼吸有关的肌肉（统称“呼吸肌”）共同完成的。

而一旦肋骨区域的肌肉变得僵硬，肋骨的活动范围就会变小，我们吸气时肺部的扩张也会因此受限，导致我们的呼吸变得困难。同时，呼吸受阻也会导致我们难以放松，身体更容易疲惫……

另外，我们的肩胛骨就位于下一页所展示的“胸廓”后部，因此胸部区域的肌肉僵硬也会给我们肩部的活动带来负担，造成肩痛。

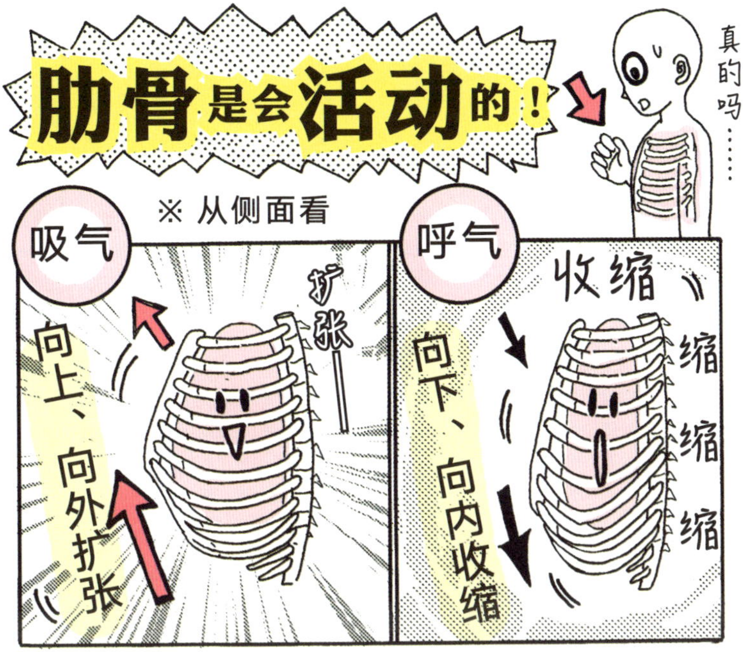
肋骨是会活动的！
真的吗……
※ 从侧面看
吸气
向上、向外扩张
扩张
呼气
收缩
向下、向内收缩
缩
缩
缩

用手抓住肋骨下方
然后尽量地深呼吸
就能感受到
肋骨的运动了！

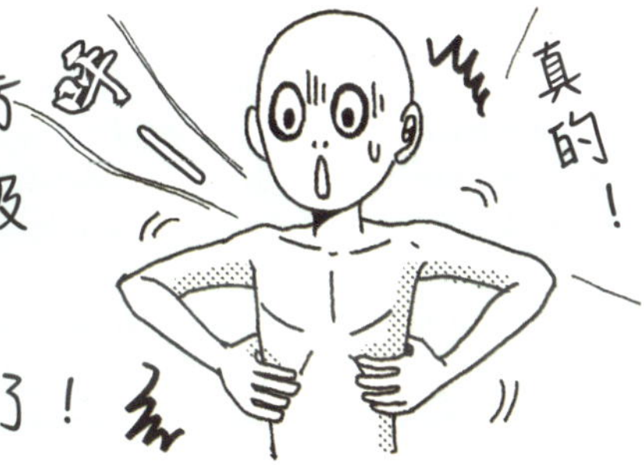
真的！

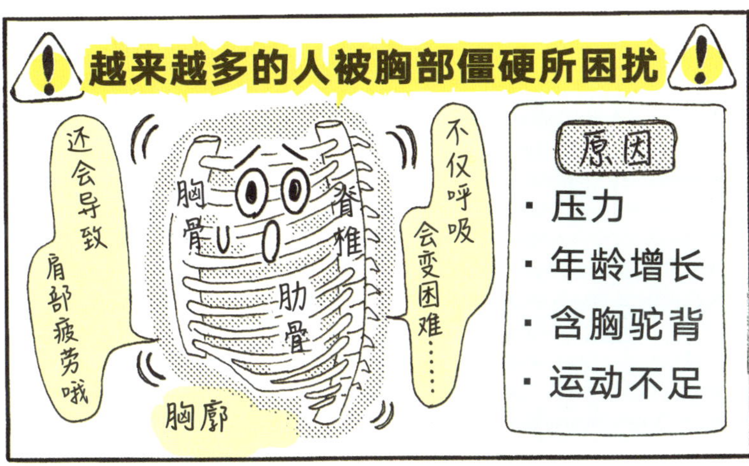
越来越多的人被胸部僵硬所困扰
还会导致肩部疲劳哦
胸骨
脊椎
肋骨
胸廓
不仅呼吸会变困难……
原因
· 压力
· 年龄增长
· 含胸驼背
· 运动不足

网页设计师
肋骨君的
肋骨重启术

肩痛、呼吸困难不再来！

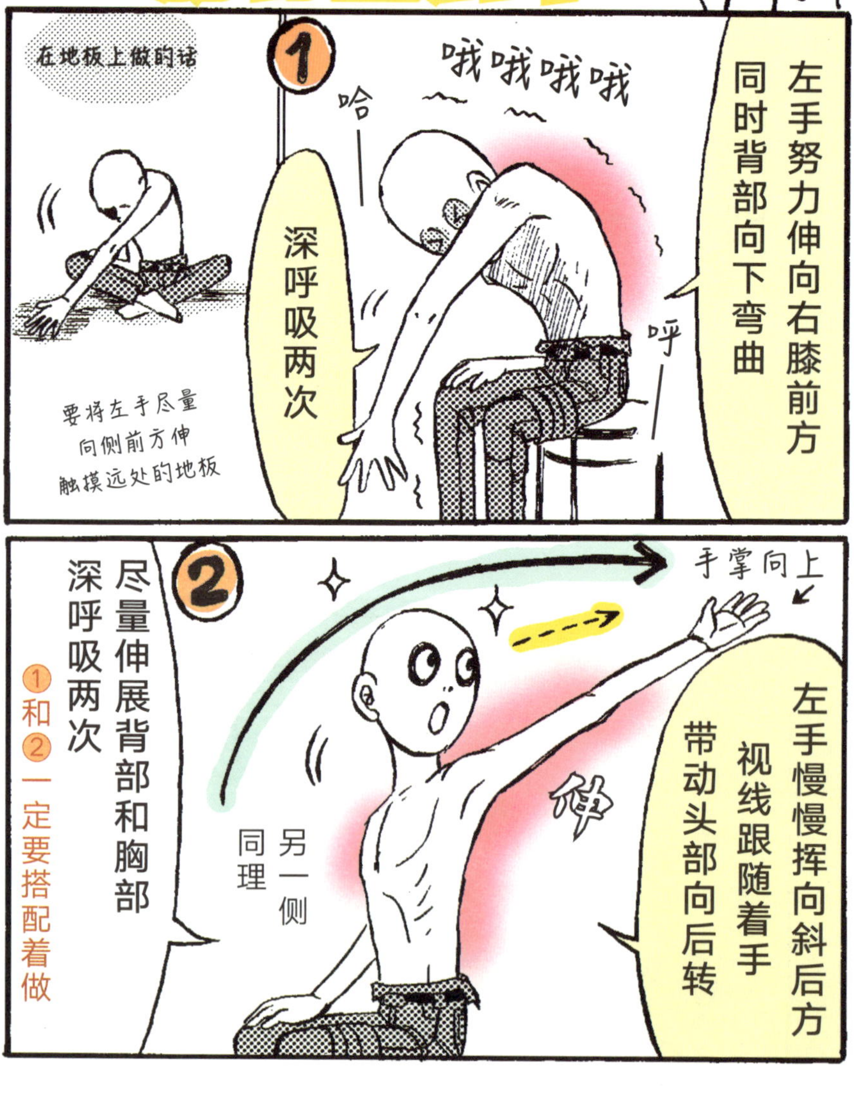

1
在地板上做的话
左手努力伸向右膝前方
同时背部向下弯曲
哦哦哦哦
哈
深呼吸两次
呼
要将左手尽量
向侧前方伸
触摸远处的地板
2
手掌向上
左手慢慢挥向斜后方
视线跟随着手
带动头部向后转
伸
尽量伸展背部和胸部
深呼吸两次
①和②一定要搭配着做
另一侧
同理

用视线引导你的身体，尽量加大舒展幅度

要注意寻找那个让你“痛并舒服”的点哦。由于这个动作可以有效地帮助我们活动肩、背、胸、手臂等部位的大量肌肉，所以不仅对肩酸背痛有效，还能很好地减轻我们手臂等处的疲惫。配合着逐渐顺畅的呼吸，我们整个人都能如获新生！

这个动作幅度很大，能加快血液流动，帮血液把氧气及其他营养物质输送到全身，所以非常适合在刚起床或工作间歇时做一做，扫除我们体内的困意！

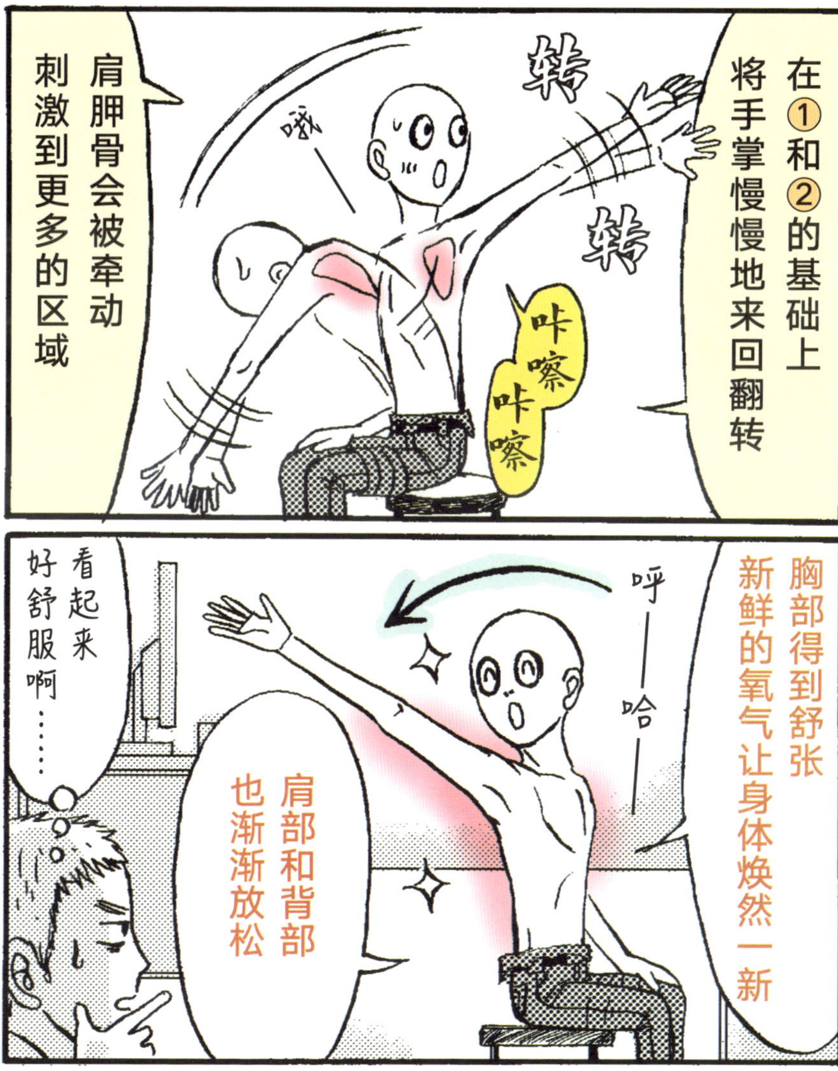

在①和②的基础上将手掌慢慢地来回翻转
转
转
哦
咔嚓咔嚓
肩胛骨会被牵动刺激到更多的区域
胸部得到舒张新鲜的氧气让身体焕然一新
呼——哈
肩部和背部也渐渐放松
看起来好舒服啊……

浑身无力时 靠墙拉伸一下腹部吧！

~ 肺部舒展、呼吸顺畅，新鲜氧气充斥全身 ~

我们在日常生活中几乎不会专门伸展我们身体的两侧，因为比起其他区域，那里很少会让我们感到酸痛。而这种忽视，实际上会带来很多严重问题。因此，就让我们用这招“简易靠墙重启术”重启一下我们关键的体侧吧！

简单&强效
墙壁重启术
喔！
这感觉前所未有！

腹部两侧的肌肉直接关系到我们的呼吸

与肋骨相连的肌肉在我们呼吸的过程中起着至关重要的作用。深呼吸时我们的胸部和腹部之所以会鼓起，很大程度上就是因为这些“呼吸肌”在发力。另外，一部分胸部浅层肌肉和背部、腰部的部分肌肉也会作为“辅助呼吸肌”为我们的呼吸出一份力。

如果能重启呼吸肌所在的体侧，我们就能摆脱由疲惫和压力导致的呼吸短促，使身体得到更充分的放松。

只靠肺无法呼吸！

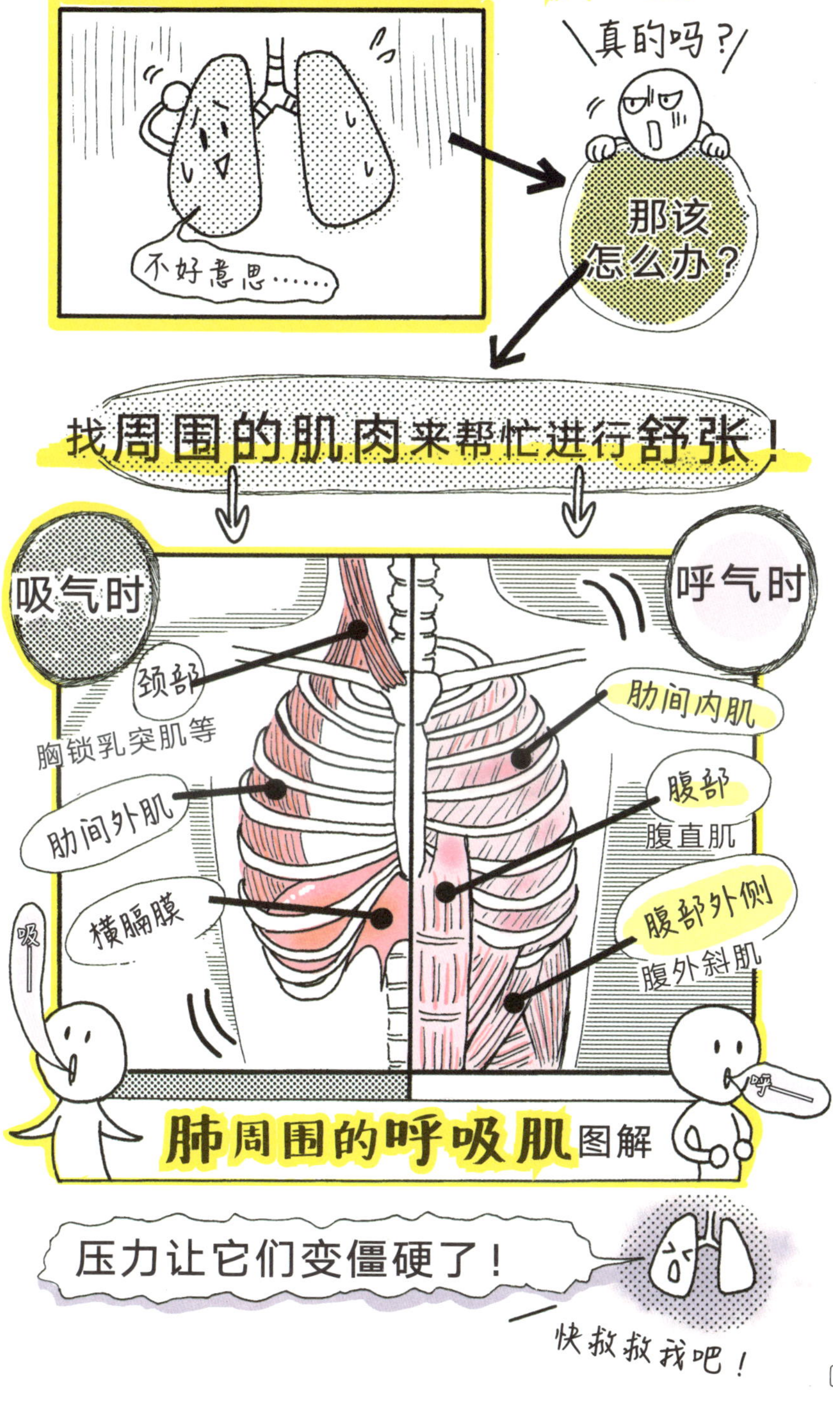

不好意思……
真的吗？
那该怎么办？
找周围的肌肉来帮忙进行舒张！
吸气时
颈部
胸锁乳突肌等
肋间外肌
横膈膜
吸
呼气时
肋间内肌
腹部
腹直肌
腹部外侧
腹外斜肌
呼
肺周围的呼吸肌图解
压力让它们变僵硬了！
快救救我吧！

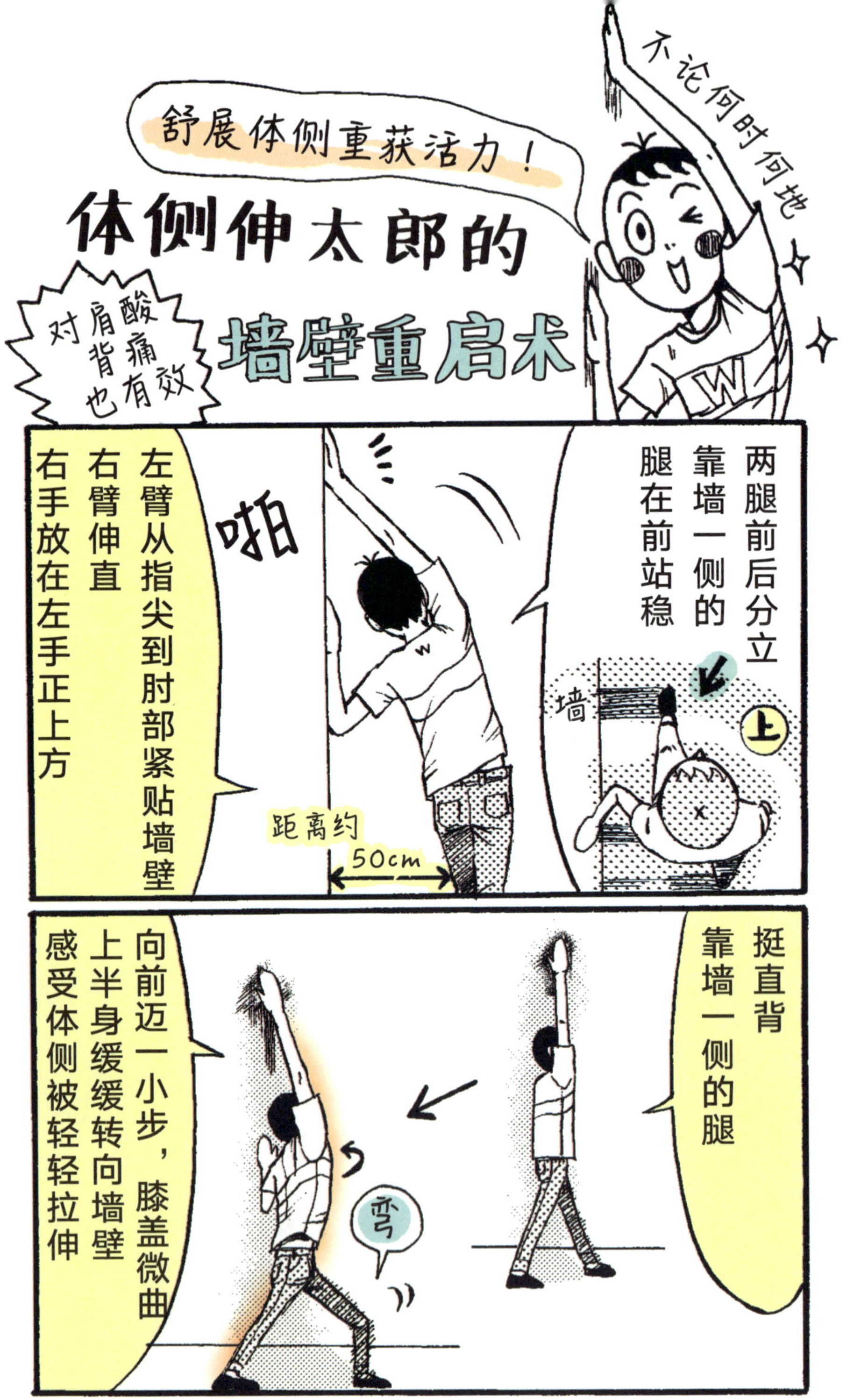
舒展体侧重获活力！
不论何时何地
体侧伸太郎的
墙壁重启术
对肩酸背痛也有效
两腿前后分立
靠墙一侧的
腿在前站稳
墙
上
啪
距离约
50cm
左臂从指尖到肘部紧贴墙壁
右臂伸直
右手放在左手正上方
挺直背
靠墙一侧的
腿
弯
向前迈一小步，膝盖微曲
上半身缓缓转向墙壁
感受体侧被轻轻拉伸

用身体自重完成墙壁重启术，体会爽快的拉伸感！

如果身体扭转过度可能会拉伤脊椎或侧腹部的肌肉，所以做这个动作时一定要“温柔”哦。墙壁重启术可以帮你一次性放松从指尖到侧腹的所有部位，对缓解肩酸背痛有非常好的效果。

另外，这个动作同时也能拉伸我们的小腿。小腿被称作人的“第二心脏”，健康的小腿可以像水泵一样帮我们加快血液循环。就让我们利用起身边的墙壁，快速赶走体内的倦怠与困意吧！

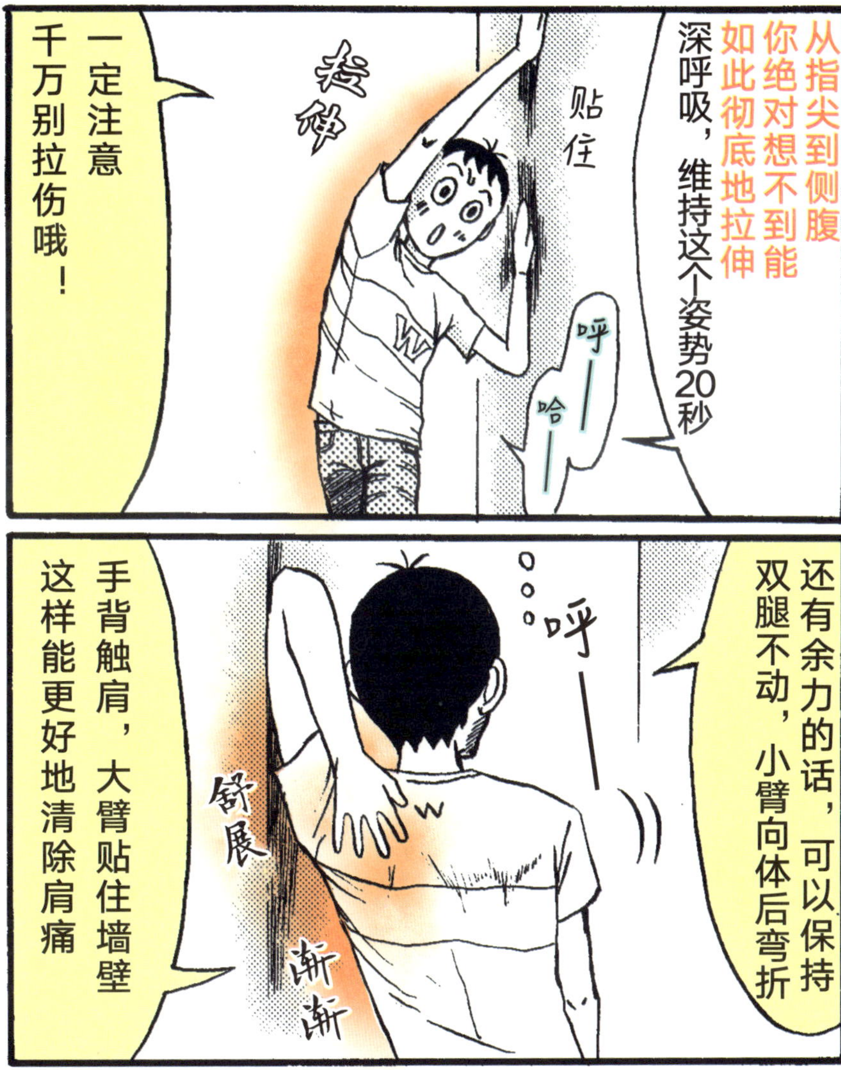

从指尖到侧腹
你绝对想不到能
如此彻底地拉伸
深呼吸，维持这个姿势20秒
贴住
呼——
哈——
拉伸
一定注意
千万别拉伤哦！
还有余力的话，可以保持
双腿不动，小臂向体后弯折
。。。呼——
舒展
渐渐
手背触肩，大臂贴住墙壁
这样能更好地清除肩痛

学到了
你就偷笑吧

身体重启小妙招

这里是能帮你利用起最零散的时间、就连三心二意都能完成的“身体重启小妙招”。本节将向大家介绍坐在椅子上就能消除困意的超简单“侧腹重启术”，以及舒张胸部与喉部的“清醒重启术”。

有空时 来个侧腹重启术

哦哦！
要点
背尽量伸直
向身体的一侧倾斜
手臂伸直上举，注意
不要耸肩 尽量将肩
胛骨下沉

这招可以帮我们轻松有效地伸展日常活动不到的侧腹，重启位于体侧的肋间肌及其他呼吸肌，让我们的呼吸更加顺畅、大脑更加清醒。对消除背痛也十分有效。

消除困意 舒张胸部与喉部的清醒重启术

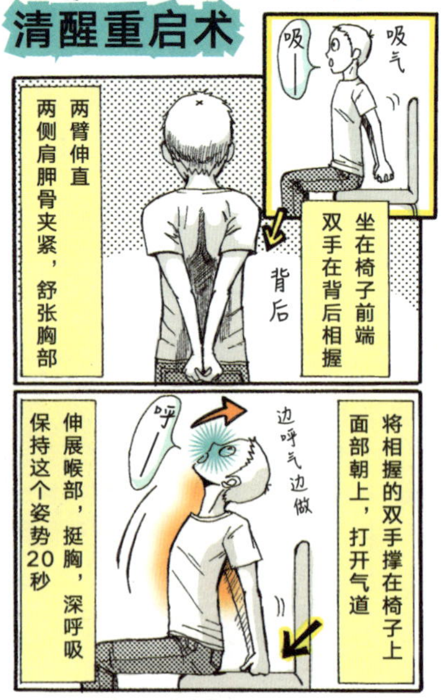

吸——
吸气
坐在椅子前端
双手在背后相握
背后
两臂伸直
两侧肩胛骨夹紧，舒张胸部
将相握的双手撑在椅子上
面部朝上，打开气道
边呼气边做
呼——
伸展喉部，挺胸，深呼吸
保持这个姿势20秒

含胸驼背会导致我们的胸部与喉部受到压迫，无法吸入足量的氧气。我们会因此变得疲倦。而这个动作可以帮我们舒张胸部与喉部，完全打开的气道可以将深呼吸吸入的氧气快速送往肺部，并经由血液传达至全身。不论肩酸、背痛还是鼻塞，都可以用这个动作来缓解。头痛患者做这个动作时一定要小心。

PART 4

重启大脑！让你的注意力与干劲急速上升

提不起干劲时“单侧鼻孔呼吸法”帮你觉醒

~ 让你头脑清晰，脑内充满氧气 ~

没干劲、疲乏、困意无法抵挡……
大脑停滞的时候，就用“单侧鼻孔呼吸法”吧！
通过有意识地控制左右鼻孔的呼吸节奏，轻松重启你的大脑！

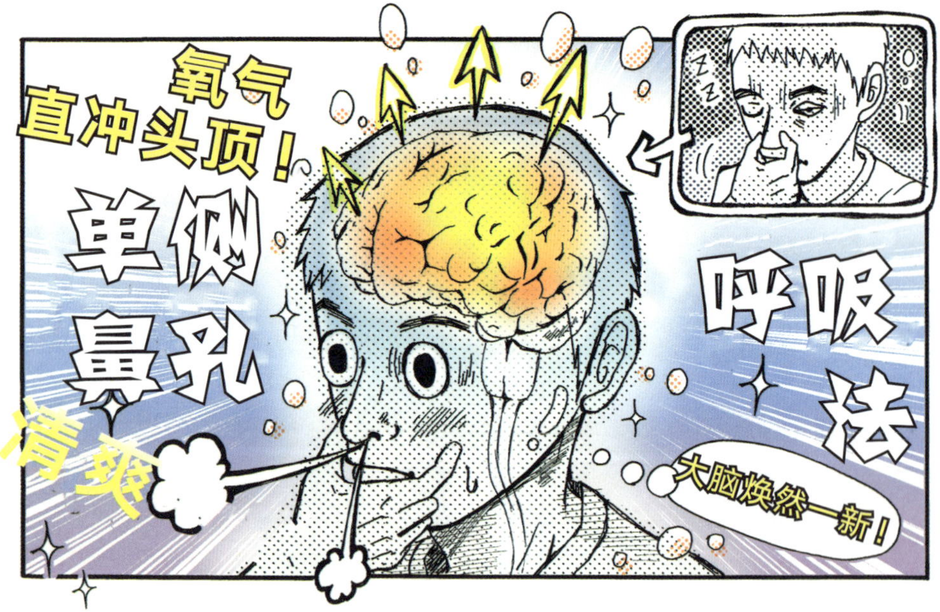
氧气直冲头顶！
单侧鼻孔
呼吸法
清爽
大脑焕然一新！

让更多的血液流向大脑！

我们鼻腔中产生的一氧化氮（NO）可以起到扩张血管、促进血液循环的作用。

而“单侧鼻孔呼吸法”可以让我们的鼻腔中产生更多的一氧化氮，从而促使更多的血液流向大脑，为大脑带去更充足的氧气与营养。

据说，实际上很多人平时都只用一侧的鼻孔呼吸。这种生理现象被称作“鼻周期”，与自律神经的作用有关，是为了防止鼻黏膜干燥而形成的。

“单侧鼻孔呼吸法”帮你觉醒

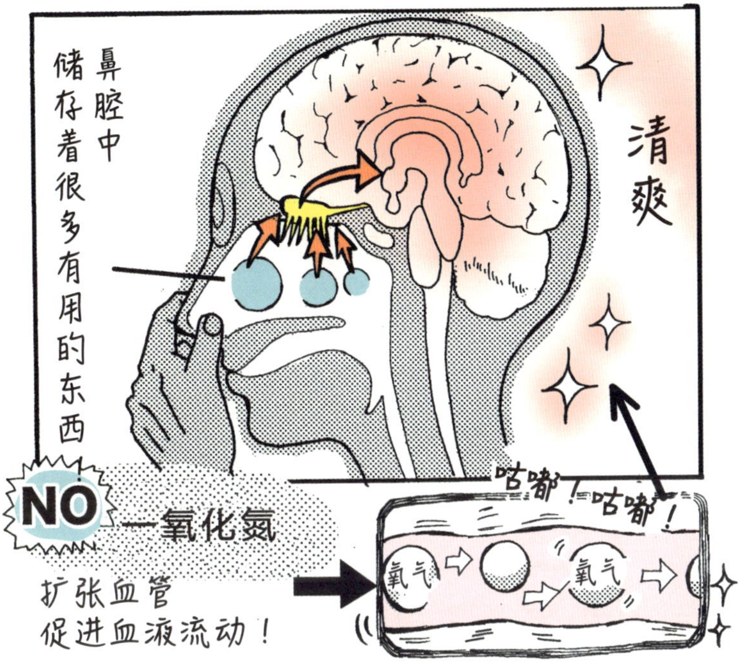

鼻腔中
储存着很多有用的东西！
清爽
NO
一氧化氮
扩张血管
促进血液流动！
咕嘟！咕嘟！
氧气
氧气

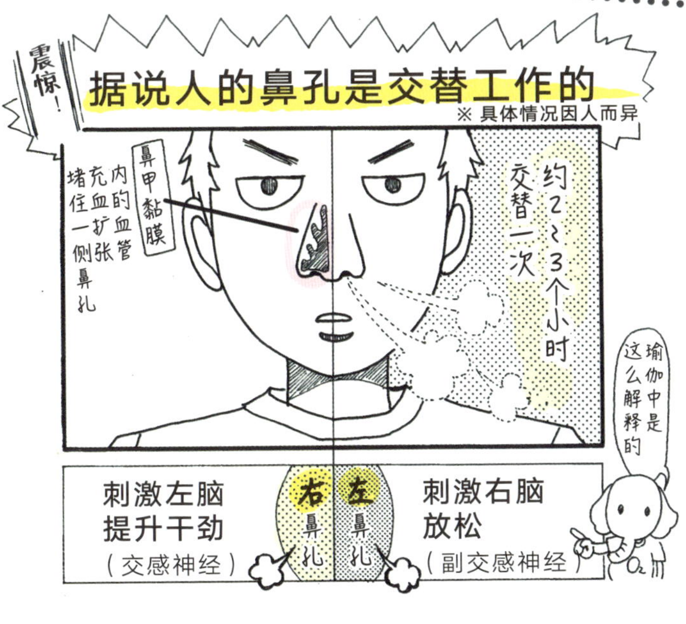

震惊！
据说人的鼻孔是交替工作的
※ 具体情况因人而异
鼻甲黏膜
内的血管
充血扩张
堵住一侧鼻孔
约2~3个小时
交替一次
瑜伽中是
这么解释的
刺激左脑
提升干劲
（交感神经）
右鼻孔
左鼻孔
刺激右脑
放松
（副交感神经）

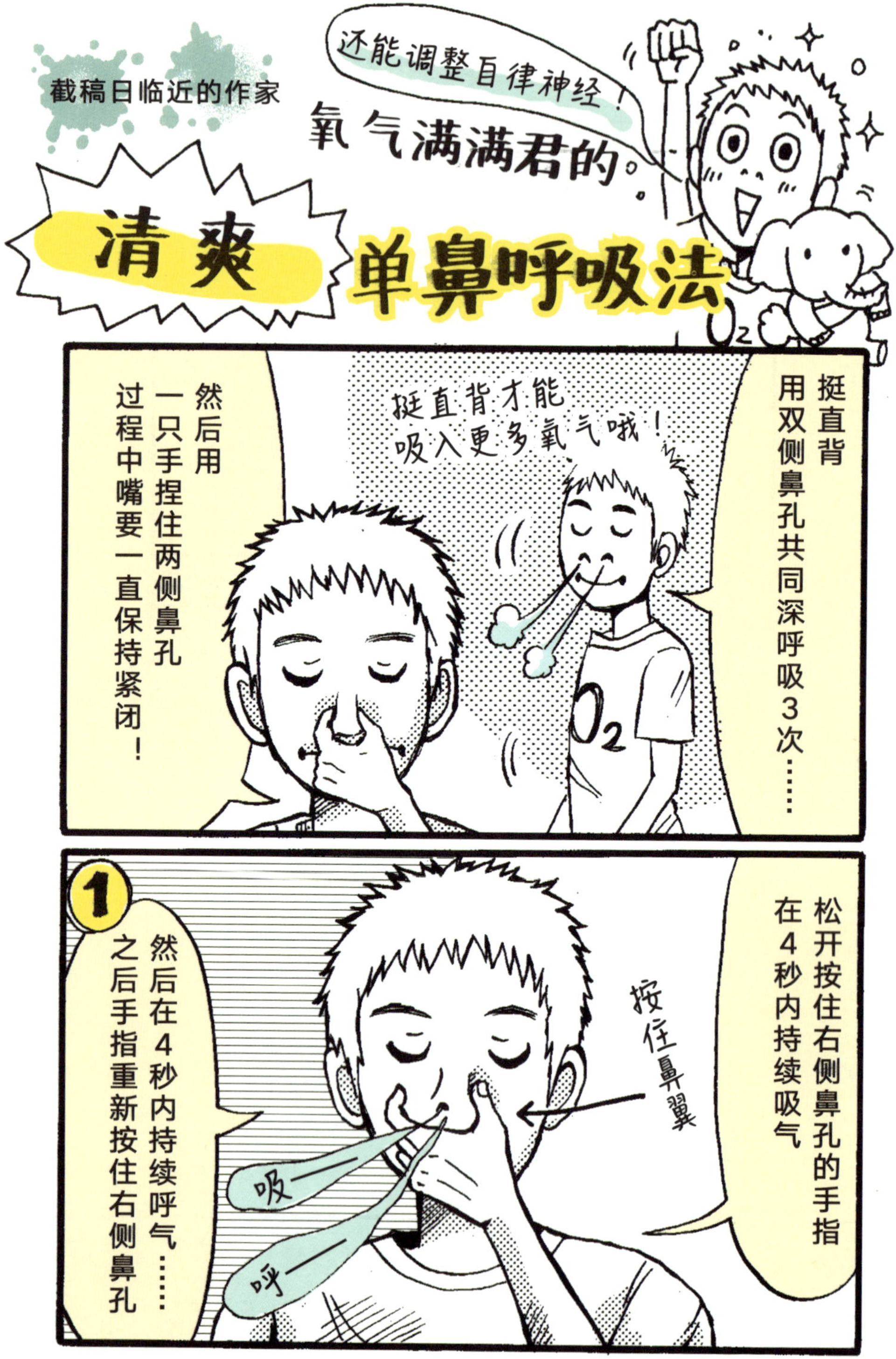
截稿日临近的作家
还能调整自律神经！
氧气满满君的
清爽单鼻呼吸法
挺直背用双侧鼻孔共同深呼吸3次……
挺直背才能吸入更多氧气哦！
然后用一只手捏住两侧鼻孔过程中嘴要一直保持紧闭！
1
松开按住右侧鼻孔的手指在4秒内持续吸气
按住鼻翼
吸
呼
然后在4秒内持续呼气……之后手指重新按住右侧鼻孔

调整左右鼻孔交替呼吸的节奏，对缓解压力也有帮助

手指的姿势没有特别的要求，保证能按住鼻孔就可以了。当然睁着眼睛做也没问题。习惯了这套流程后，连着做上 5 分钟（20 次）效果更好。这个方法不仅能帮你提神醒脑，还能帮你回复面部血色。

另外，据说“单侧鼻孔呼吸法”还有助于调整自律神经，抑制烦躁紧张的心情，加快入睡。

这个方法最重要的是保持好节奏与两侧鼻孔的平衡，如果正赶上鼻塞，就先不要做啦。

2
接下来移开按住左侧鼻孔的手指
在4秒内持续吸气
吸——
呼——
然后在4秒内持续呼气……
之后手指重新按住左侧鼻孔
将①和②
重复12次！
清爽！
哇哦！
氧气直冲大脑
似乎连视力都更好了！

兴致低落时 绷紧核心肌肉让你的注意力集中

～五郎丸式重启术帮你打起精神～

这是橄榄球选手——五郎丸在集中注意力时摆出的招牌动作。
这个工作很像瑜伽中的“椅子式”，不仅可以集中注意力，还能锻炼下半身与核心肌肉，
增强代谢，预防手脚发凉，使你的体内充满活力！

从五郎丸选手的招牌动作中学到的绝佳招式！
椅子式
几乎一样
代谢加快
保持
平衡……
活力由内而外！
手脚也不冷了！
暖！
注意力提升！

利用大肌群，激发你体内的活力！

活动大腿及核心部位的肌肉，可以帮我们加快全身的血液循环，加快代谢，使我们感觉由内而外地散发出活力！大腿前侧的“股四头肌”是我们体内最大的一块肌肉，它在受到刺激后会使我们全身都感到温暖。同时，通过锻炼大腿与腰部的核心肌肉，我们也会变得不容易疲惫。

而为了做好如此困难的姿势、保持好平衡，我们的注意力自然会集中起来，心情也会更加平静。

用椅子式

▌激活你的肌肉，效果超群！▌

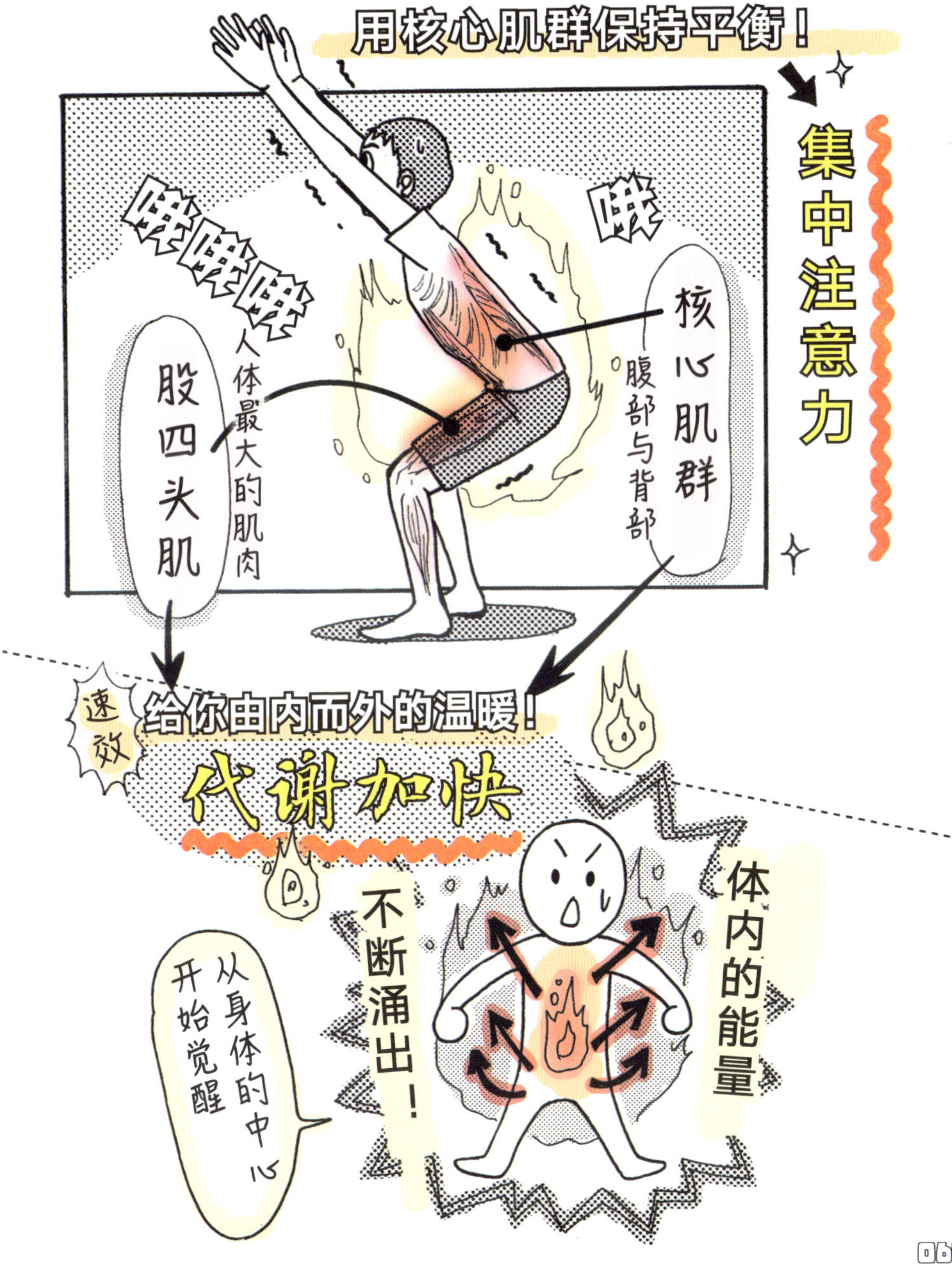
用核心肌群保持平衡！
集中注意力
哦哦哦
哦
股四头肌
人体最大的肌肉
核心肌群
腹部与背部
速效
给你由内而外的温暖！
代谢加快
从身体的中心开始觉醒
不断涌出！
体内的能量

心脏怦怦直跳

燃烧吧！腰腿强香小姐

第一次约会
会顺利吗？
我到得太早了……
怦
怦
抖
抖
腿都开始发抖了
对了
就用那招吧！
先站直
双脚分立
与肩同宽
腹部绷紧
背部不要弯曲
挺
唰
以腰部为轴，
上半身前倾

即便身体一直哆嗦，也别忘了保持呼吸节奏！

维持这种困难的姿势时，我们很容易就会屏住呼吸。为了更好的效果，一定要注意保持深呼吸的节奏！

如果腹部没有用上力的话，动作很容易走形（弓背、撅屁股）。双脚站稳、挺直背是这个动作的关键，同时肩部要尽量放松。

如果感觉困难的话，可以不用一上来就保持 20 秒。膝盖不好的人一定要量力而行。

双臂伸直举向斜上方
深呼吸
保持20秒
呼——哈——
呼——哈——
身体马上就变温暖了
腿部与核心肌群要持续发力
维持身体平衡
注意力也会因此提升
燃烧起来了！
不仅脂肪
还有我心中的爱！
我一定可以的！
我要取得他的心！
我还是回去吧……

给紧绷的头部来次“耳朵按摩”

~ 改善颈部与头部的血液循环，放松身心 ~

冬天出门时，我们的耳朵常被冻得生疼。只要把它放松了，全身的问题都能迎刃而解！
当然，这个放松术在夏天或是其他任何时候都能使用。
就让我们给耳朵做个按摩，通过改善血液循环来缓解颈部僵硬与大脑迟钝吧！

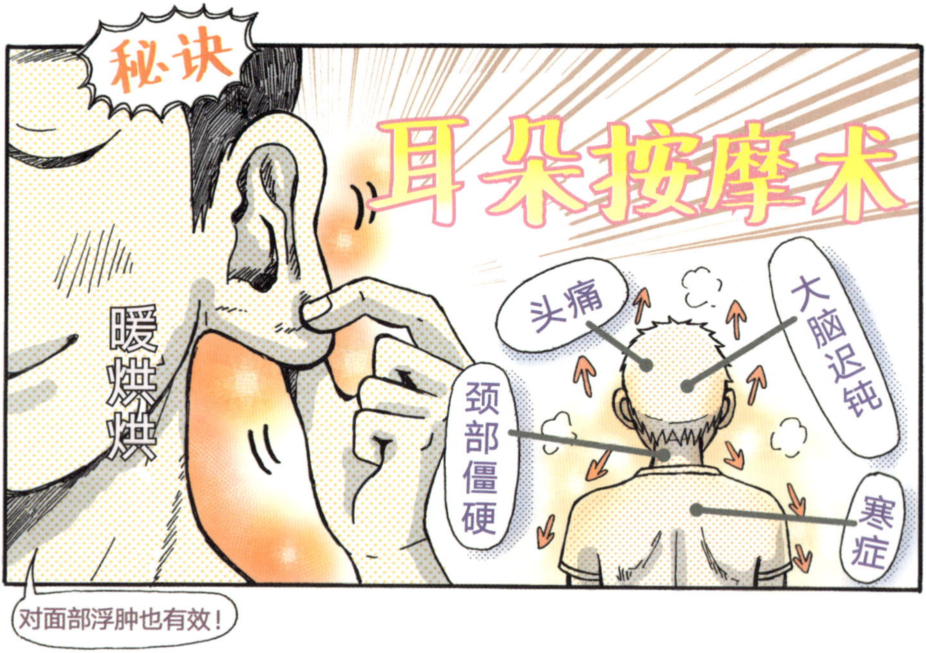

耳朵是放松全身的关键点！

我们的耳朵里虽然分布着很多毛细血管，但因为这些血管过于纤细，流过其中的血液量很少，导致我们的耳朵很容易感觉冷。更有些人会因为耳朵受凉，导致头痛或是肩酸……

“耳朵按摩术”可以帮我们改善整个头部的血液循环、放松耳朵周围僵硬的肌肉，对缓解头痛、颈部僵硬、视疲劳、耳鸣等都很有效。同时，耳朵按摩术还能改善这个区域的淋巴循环，帮我们消除面部浮肿。

另外，我们的耳朵及耳朵周围分布着很多穴位，它们对调整自律神经、缓解头晕、促进血液循环都能起到一定作用。

耳部区域的关键点

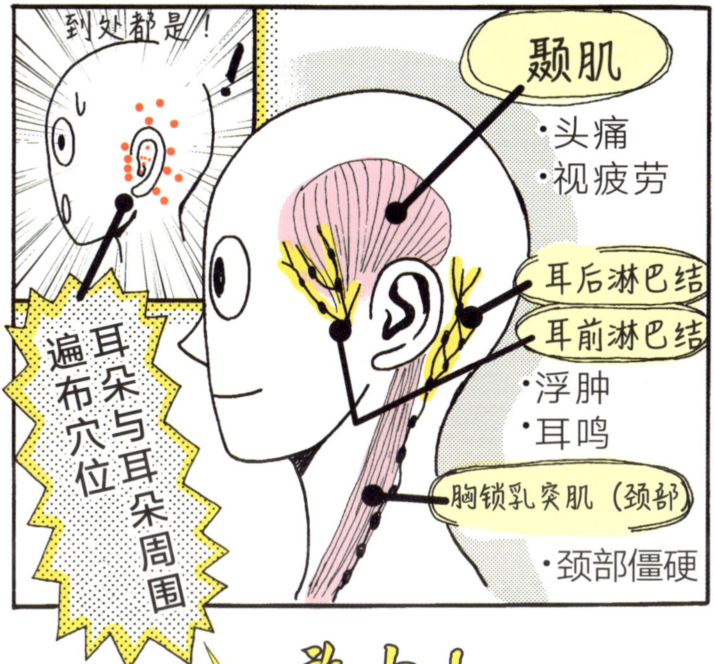

到处都是！
颞肌
·头痛
·视疲劳
耳后淋巴结
耳前淋巴结
·浮肿
·耳鸣
胸锁乳突肌（颈部）
·颈部僵硬
耳朵与耳朵周围遍布穴位

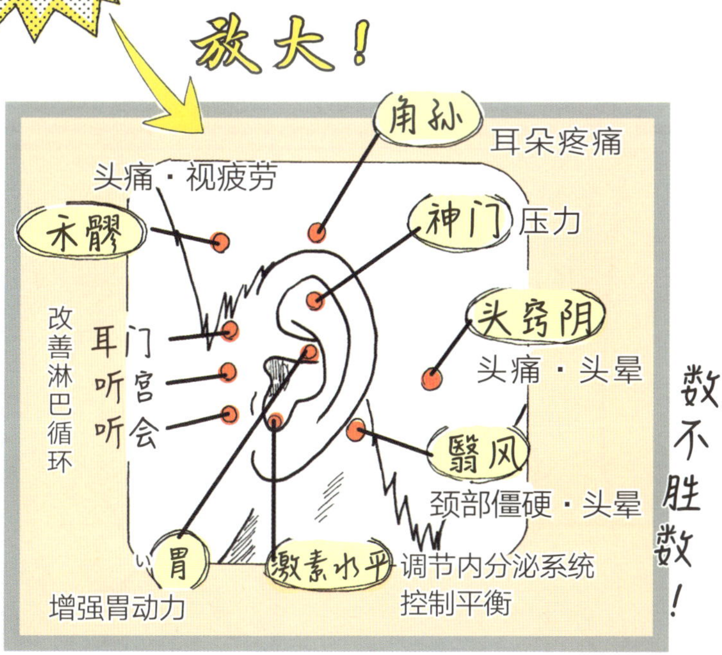

放大！
角孙
耳朵疼痛
头痛·视疲劳
禾髎
神门
压力
改善淋巴循环
耳门
听宫
听会
头窍阴
头痛·头晕
翳风
颈部僵硬·头晕
胃
增强胃动力
激素水平
调节内分泌系统
控制平衡
数不胜数！

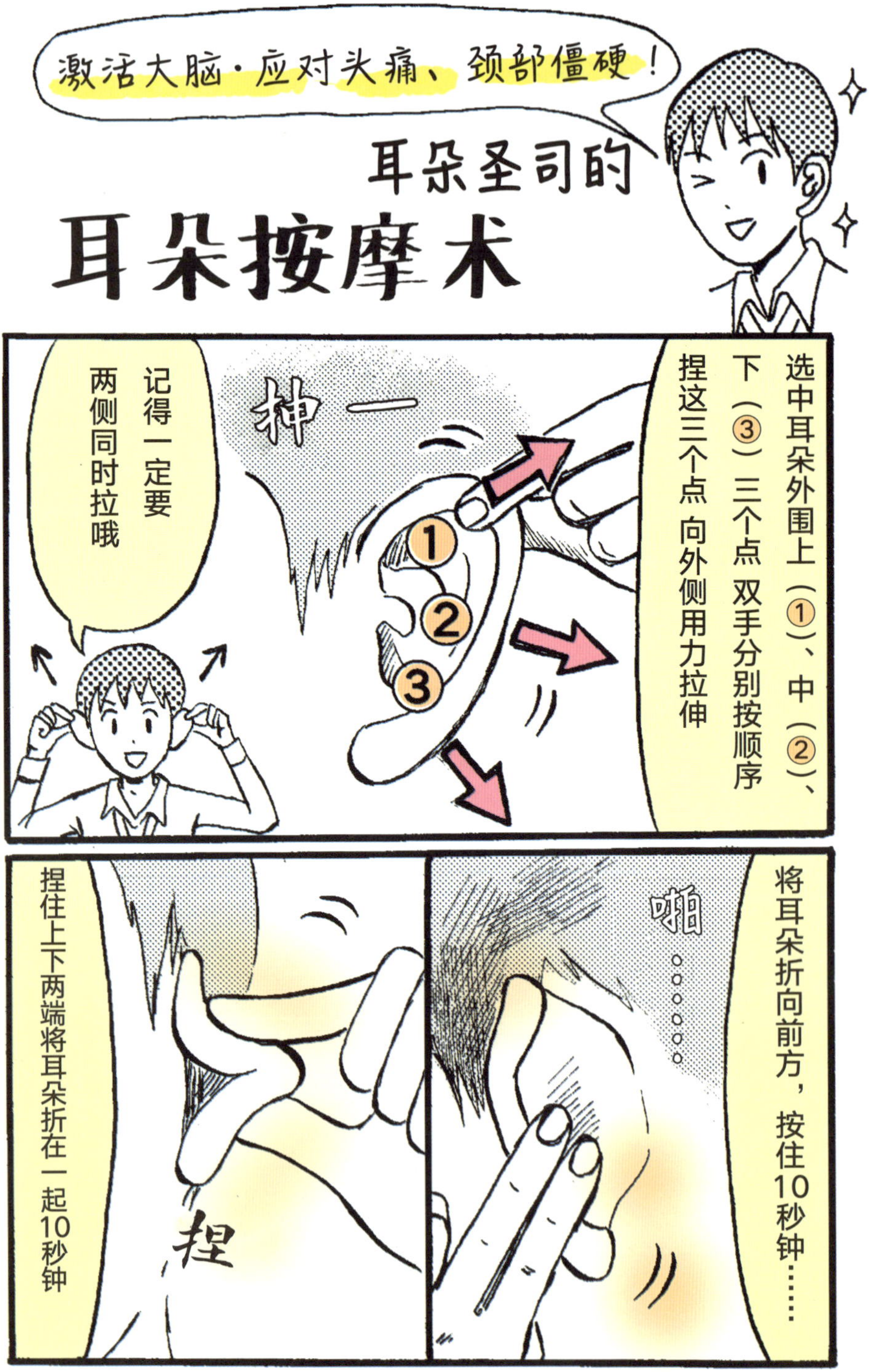
激活大脑·应对头痛、颈部僵硬！
耳朵圣司的
耳朵按摩术
选中耳朵外围上（①）、中（②）、下（③）三个点 双手分别按顺序捏这三个点 向外侧用力拉伸
抻——
①
②
③
记得一定要两侧同时拉哦
将耳朵折向前方，按住10秒钟……
啪……
捏住上下两端将耳朵折在一起10秒钟
捏

配合着平缓的呼吸来按摩耳朵吧！

捏住耳朵上端，将耳朵向下或向斜后方拉伸也是不错的方式。不要着急，慢慢地按摩能帮我们更好地促进血液循环，让我们从耳朵到肩膀全都能感受到暖意。

另外，这招对促进血液流向大脑尤其有效，所以在打不起精神时一定要试试。

晚上睡前按摩一下耳朵，则可以帮我们放松紧张了一整天的头部，让我们更轻松舒适地入睡。

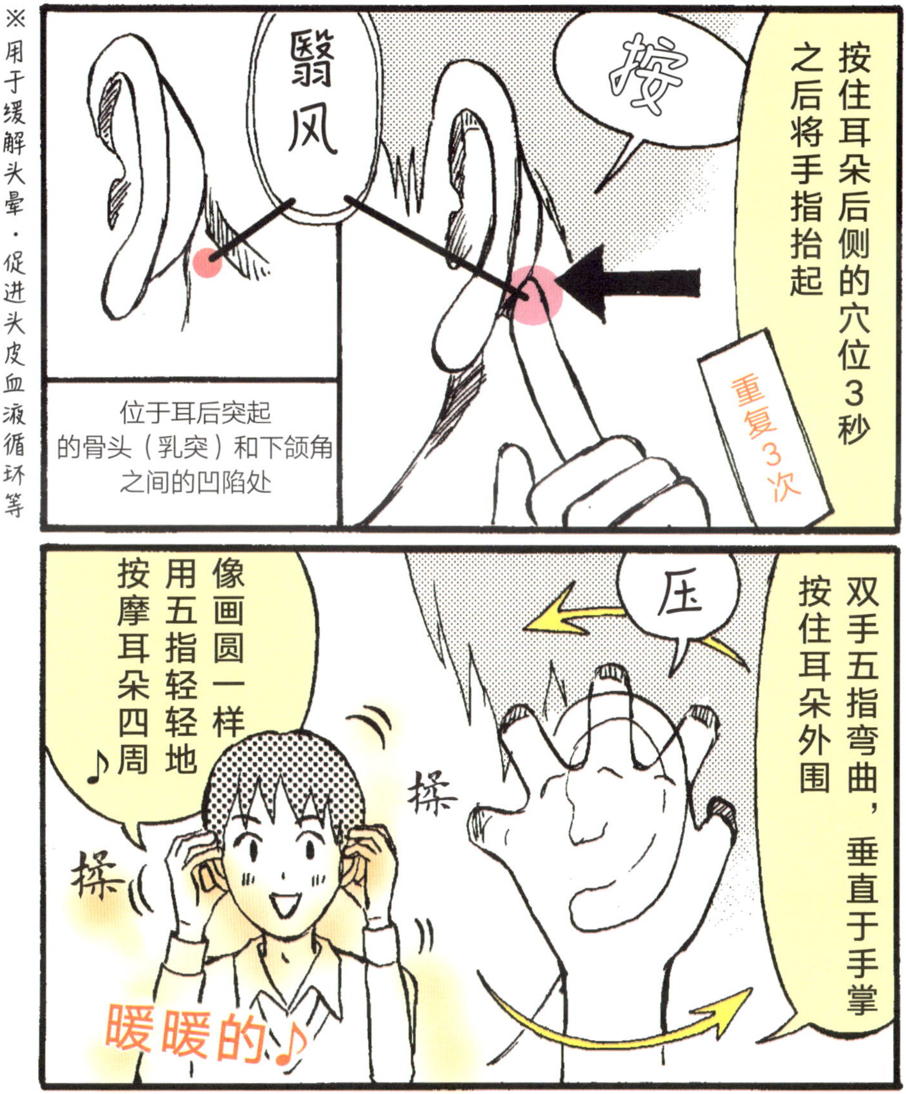
※用于缓解头晕·促进头皮血液循环等
翳风
位于耳后突起的骨头（乳突）和下颌角之间的凹陷处
按
按住耳朵后侧的穴位3秒之后将手指抬起
重复3次
双手五指弯曲，垂直于手掌按住耳朵外围
压
像画圆一样用五指轻轻地按摩耳朵四周♪
揉
揉
暖暖的♪

学到了
你就偷笑吧

身体重启小妙招

这里是能帮你利用起最零散的时间、就连三心二意都能完成的“身体重启小妙招”。本节将教大家如何在低落时重启你的心情。

低落时就用
心情重启术
1
挺直背，双手伸直举向斜上方
伸直
肩部放松挺胸！
挺
2
保持身体不动，看向斜上方
脸上露出笑容
只需翘起嘴角就会有效果
（※别忘了保持呼吸顺畅）
给你带来积极向上的情绪！

努力张开手掌，挺胸，抬头，呼吸平缓。就算再怎么不开心也要摆出笑脸，据说这样一来，面部肌肉会让大脑产生“我很开心”的错觉，并由此生成更加积极的情绪。

PART 5

轻松解放坚硬的肩部

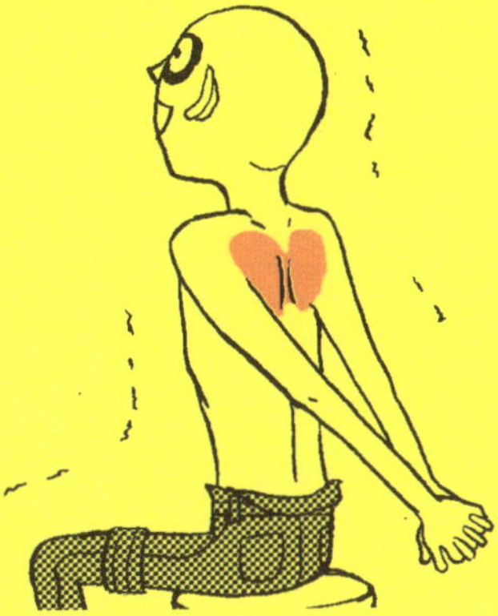

直击肩痛的根源“肩胛骨重启术”

~从背到肩全面放松~

对付顽固肩酸，我推荐“肩胛骨重启术”。
尽管你可能没听过这个招式，但它的确是个无论谁都能掌握的好方法。
舒展身体时，将注意力集中在你的肩胛骨上可以帮你有效缓解肩酸！

这玩意就是肩胛骨！
想要彻底摆脱肩酸
肩胛骨重启术
PART·1
我教你个方法！

肩胛骨是破解肩部酸痛的钥匙

肩胛骨是两块三角形的骨头，分别位于我们背部两侧，就像一对天使的翅膀。试着摸一下自己的肩胛骨吧，它本应是一块活动自如的骨头，但由于我们不健康的坐姿或生活习惯，它周围的肌肉很容易变得僵硬。

位于背部浅层的斜方肌很容易就能放松，但只放松斜方肌，对于消除肩酸来说效果既差又不持久。

而通过高效地活动肩胛骨，直击造成肩酸的深层肌肉，正是这招肩胛骨重启术的强大之处。

肩酸的原因主要在这三块肌肉上

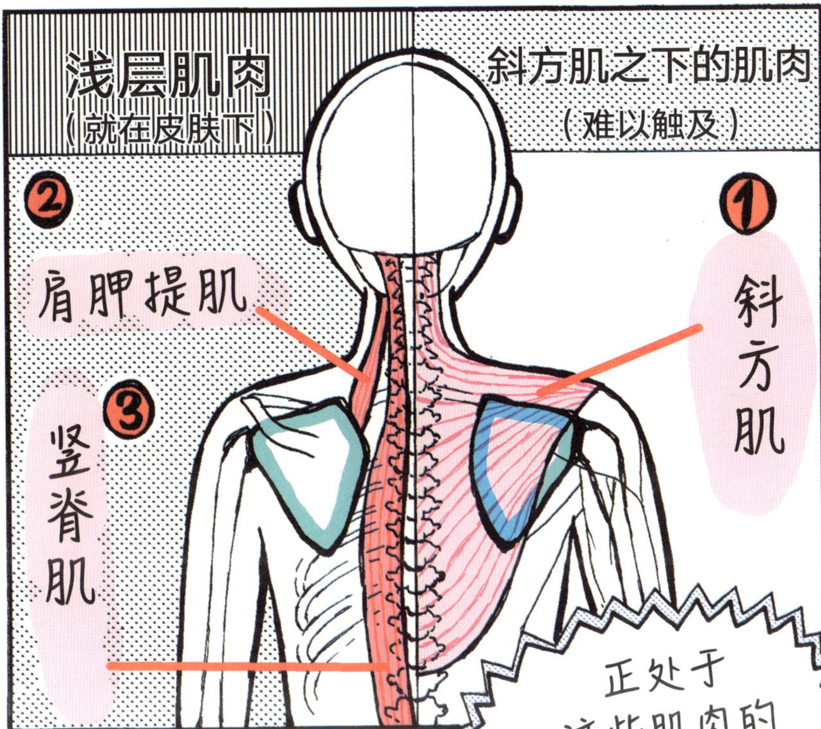

正处于
这些肌肉的
肩胛骨
包裹之中！

只需活动
肩胛骨
与肩酸相关的肌肉
就都能得到放松！！

这就是

肩胛骨重启术！

网页设计师

肩胛骨舒君的

肩胛骨重启教程

交给我吧！

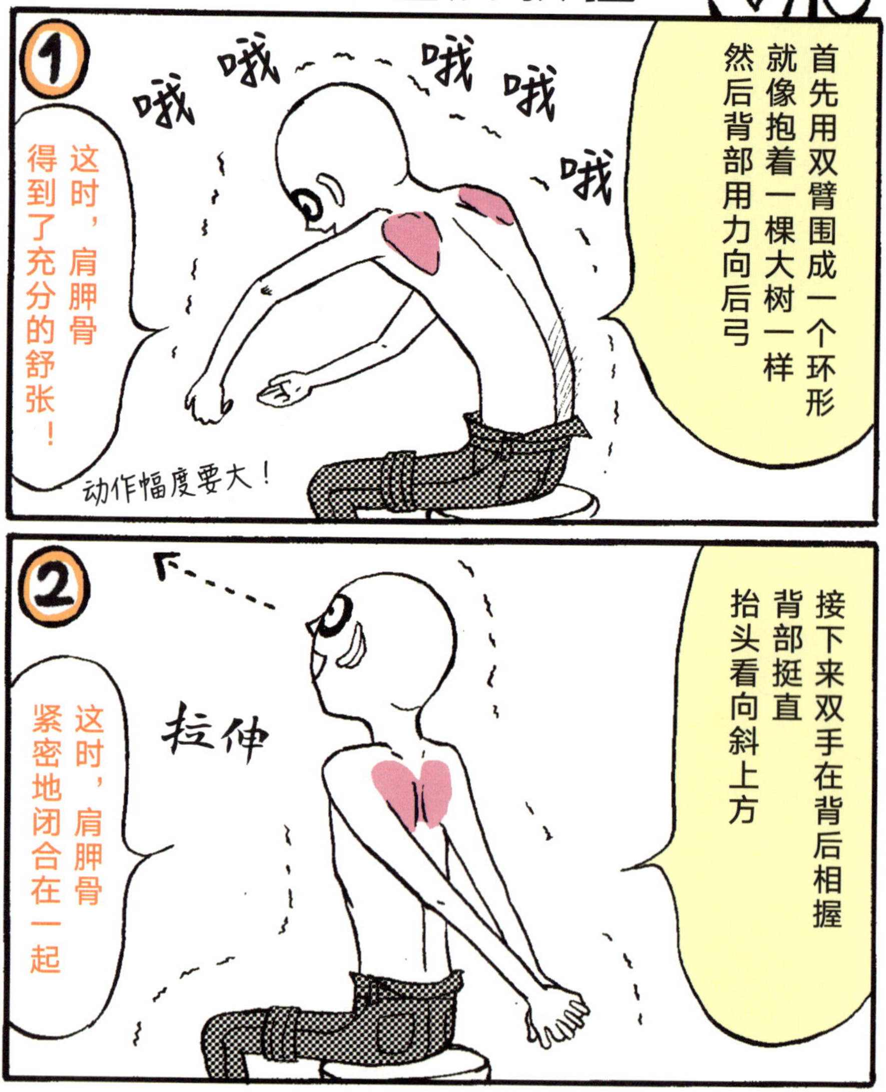
①
首先用双臂围成一个环形
就像抱着一棵大树一样
然后背部用力向后弓
哦
哦
哦
哦
哦
动作幅度要大！
这时，肩胛骨
得到了充分的舒张！
②
接下来双手在背后相握
背部挺直
抬头看向斜上方
拉伸
这时，肩胛骨
紧密地闭合在一起

将注意力集中在肩胛骨上，感受它们的舒张与闭合

如果过程中觉得疼痛，请千万不要勉强，一定要量力而为！

这个重启术不仅是一味地放松，还会帮你刺激导致你肩酸的数块肌肉，让它们充分地紧张起来。因为对于僵硬的肌肉而言，先让它们紧张到极致再进行放松更为有效。

同时，对上半身肌肉的强烈刺激还能加快血液循环，使我们感觉体内充满暖意！

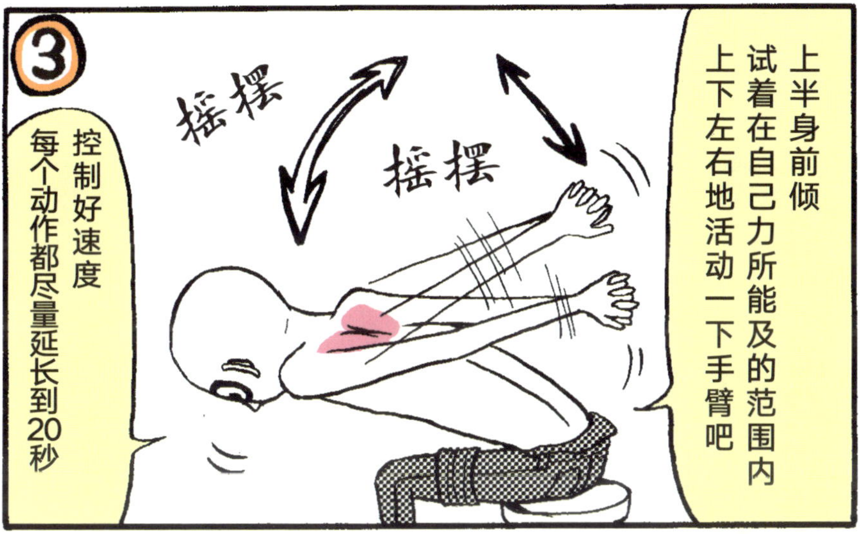
③
上半身前倾
试着在自己力所能及的范围内
上下左右地活动一下手臂吧
摇摆
摇摆
控制好速度
每个动作都尽量延长到20秒

将①~③的动作
重复2~3次
效果更好
哦 哦 哦 哦
调整好呼吸
慢慢做
别看那家伙黑眼圈那么重
还真会养生啊……

用毛巾完成强效版“肩胛骨重启术”

~ 肩、胸、背的酸痛一并扫除 ~

你能像这样将双手在背后相扣吗？这其实是一个非常简单的“肩胛骨检查法”。如果你做不到的话，就用毛巾来做一个强效版肩胛骨重启术吧。不仅肩酸，连背部的疼痛都能消除！

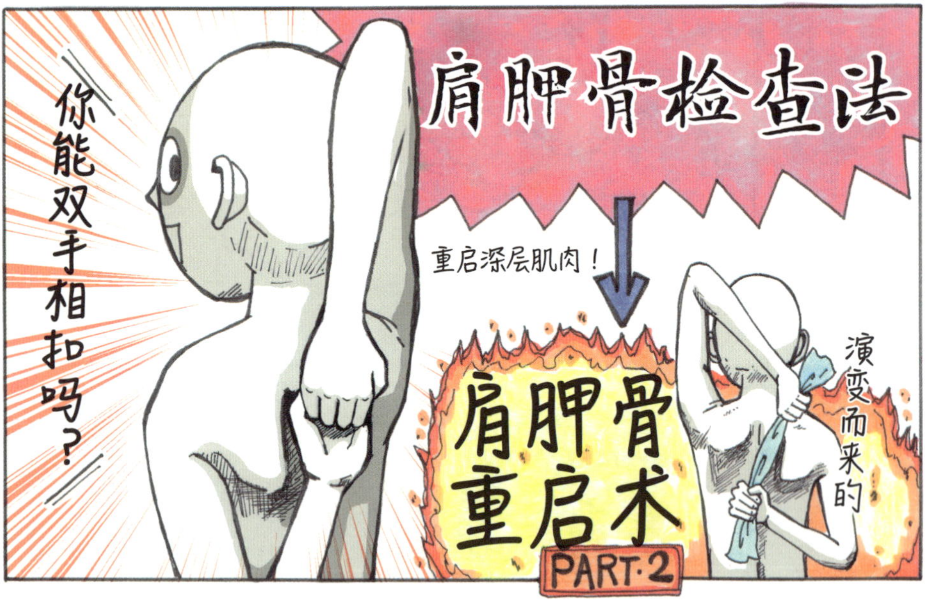
你能双手相扣吗？
肩胛骨检查法
重启深层肌肉！
肩胛骨重启术
PART·2
演变而来的

先用肩胛骨检查法给自己诊断一下吧

双手不能在背后相扣——肩胛骨周围的肌肉或是肩关节正处于僵硬状态。你们应该都是经常驼背的人吧？

“左手在上时能扣上，但右手在上时就……”左右手结果不同的人——可能是双手使用频率与强度差距过大，或日常的一些不健康姿势所造成的。这种情况表示你的肩胛骨可能已经倾斜，如果置之不理很容易发展成为慢性的肩部损伤……

不过，不论是完全碰不到还是只有一侧能做到都没关系！

只要利用辅助道具就能舒展你的肩部了。为了效果更加彻底，就先从准备运动开始吧！

重启前先活动一下肩部吧！

辅助道具只要是**布制品**就可以

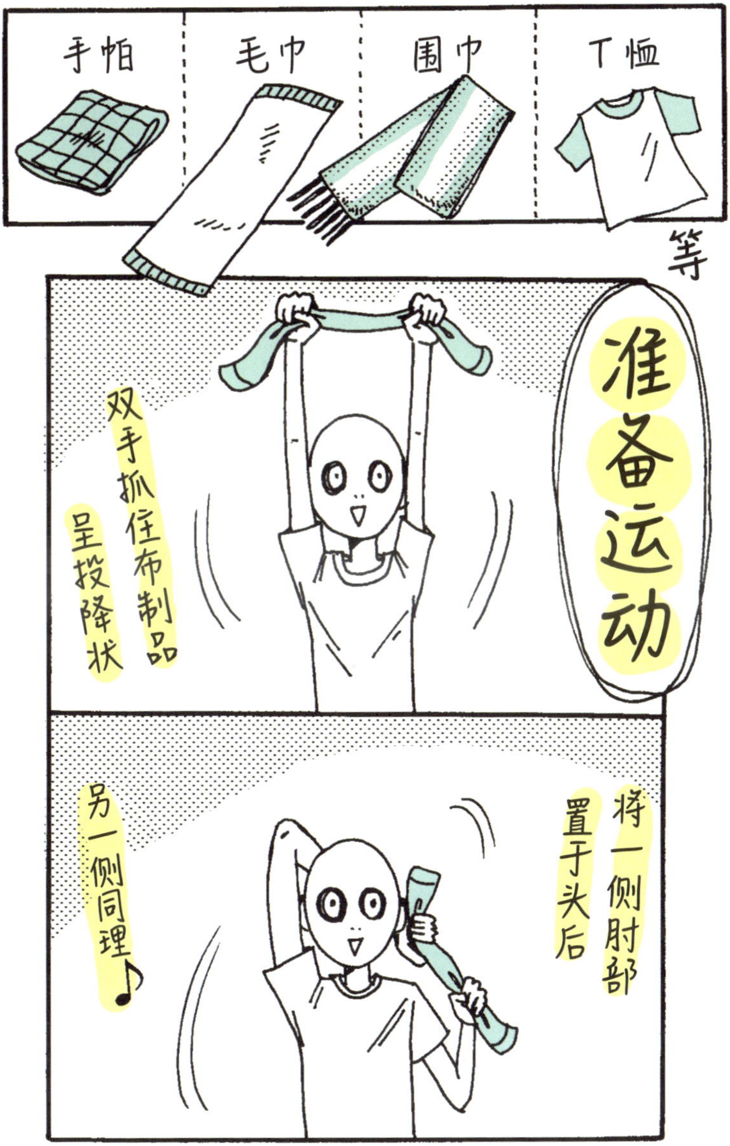
手帕
毛巾
围巾
T恤
等
准备运动
双手抓住布制品
呈投降状
将一侧肘部
置于头后
另一侧同理♪

※ 每一侧各做 3 次，每次 5 秒（同时要自然地呼吸）

网页设计师

肩胛骨伸君的 毛巾版重启教程

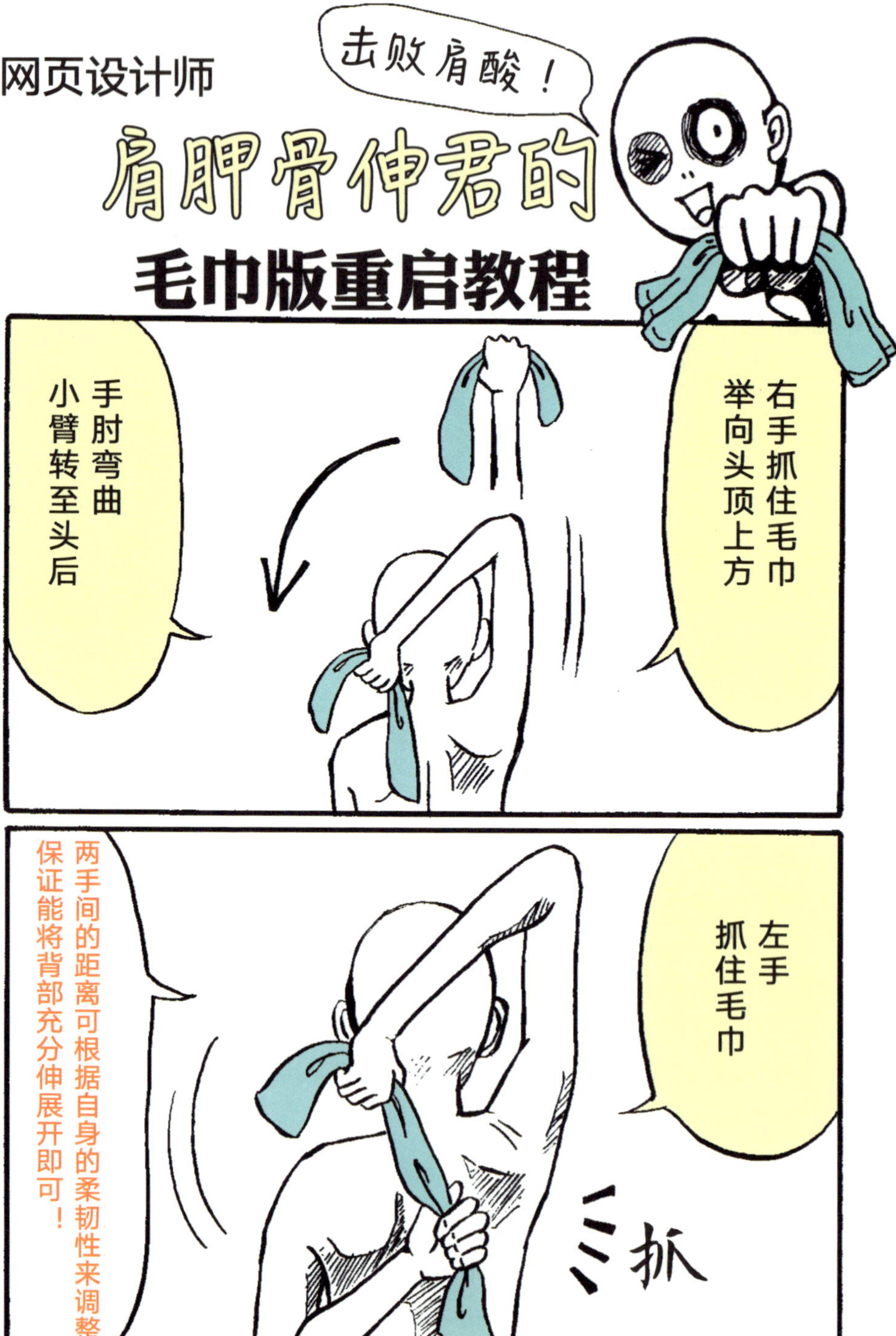

击败肩酸！
右手抓住毛巾举向头顶上方
手肘弯曲小臂转至头后
左手抓住毛巾
两手间的距离可根据自身的柔韧性来调整保证能将背部充分伸展开即可！
抓

将肩、胸、背、手臂、肋部的酸痛一举清除！

通过多方位地活动肩胛骨，将导致肩酸的浅层与深层肌肉逐个放松，胸、背、手臂、肋部也能被一并重启，上半身自此沉浸于温暖与舒畅之中。

通过左右交替地锻炼，对肩胛骨倾斜也能起到一定的调节效果。同时还能刺激肋部下方的淋巴结，促进全身的体液循环。

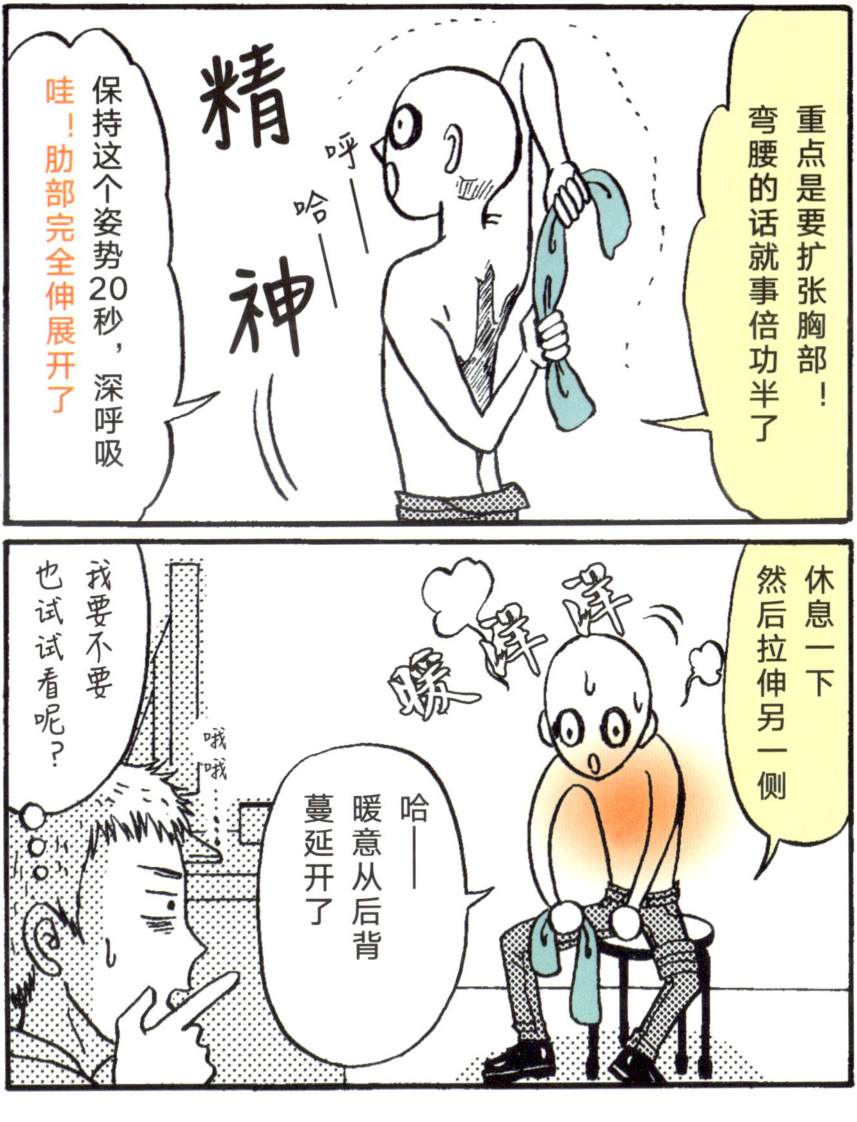

重点是要扩张胸部！
弯腰的话就事倍功半了
精神
呼
哈
保持这个姿势20秒，深呼吸
哇！肋部完全伸展开了
休息一下
然后拉伸另一侧
暖洋洋
哈——
暖意从后背
蔓延开了
哦哦……
我要不要
也试试看呢？

玩手机玩得含胸驼背？舒展一下胸部肌肉就好了

~ 转动手臂，连肩和背部的僵硬都能消除 ~

玩手机或是案头工作久了，很容易就会含胸驼背、肩部酸痛。而你一定想不到的是，除了活动背部肌肉以外，重启胸肌也能帮你缓解肩痛，并且还能让你的呼吸更加顺畅，帮你提起精神！

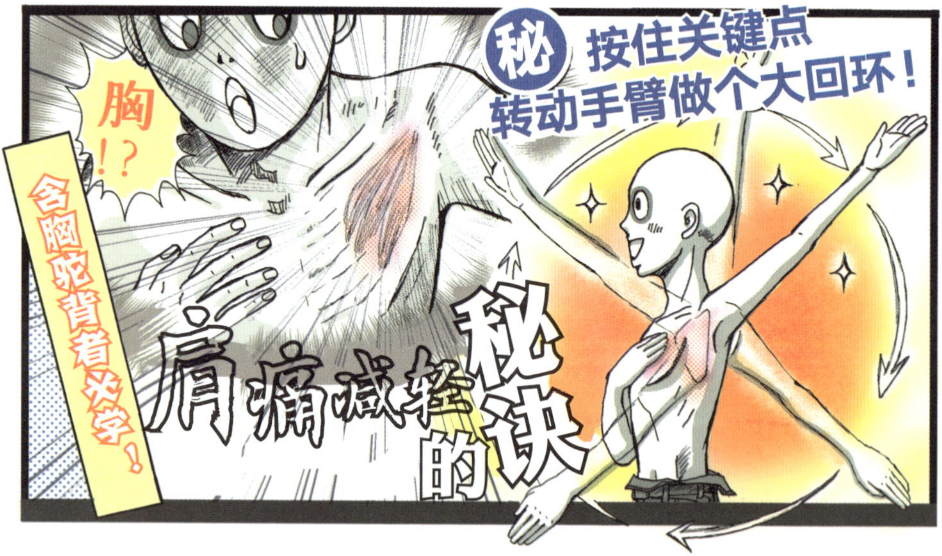
胸!?
含胸驼背着実学！
肩痛减轻的秘诀
秘 按住关键点
转动手臂做个大回环！

胸部肌肉究竟为什么会和肩痛有关？

为什么肩痛却要放松胸部呢？你一定会产生这样的疑惑。实际上，当你肩痛时，你的胸部也有一块只要碰到就会疼痛的区域，而你的"胸小肌"就位于那里。当你长时间前倾或是提拉重物时，你的胸小肌就很容易变得僵硬。

胸小肌连接着我们背部的肩胛骨。如果它僵硬了，它施加给肩胛骨的力就会通过肩胛骨不断地刺激肩胛骨周围的肌肉，使它们也变得紧绷，最终导致肩酸背痛。同理，你背部的肌肉如果僵硬了，这种症状也会通过肩胛骨"传染"给胸小肌……我们身体的前后真是连接得相当紧密。

秘 案头工作者或含胸驼背者攻克 肩痛的要点

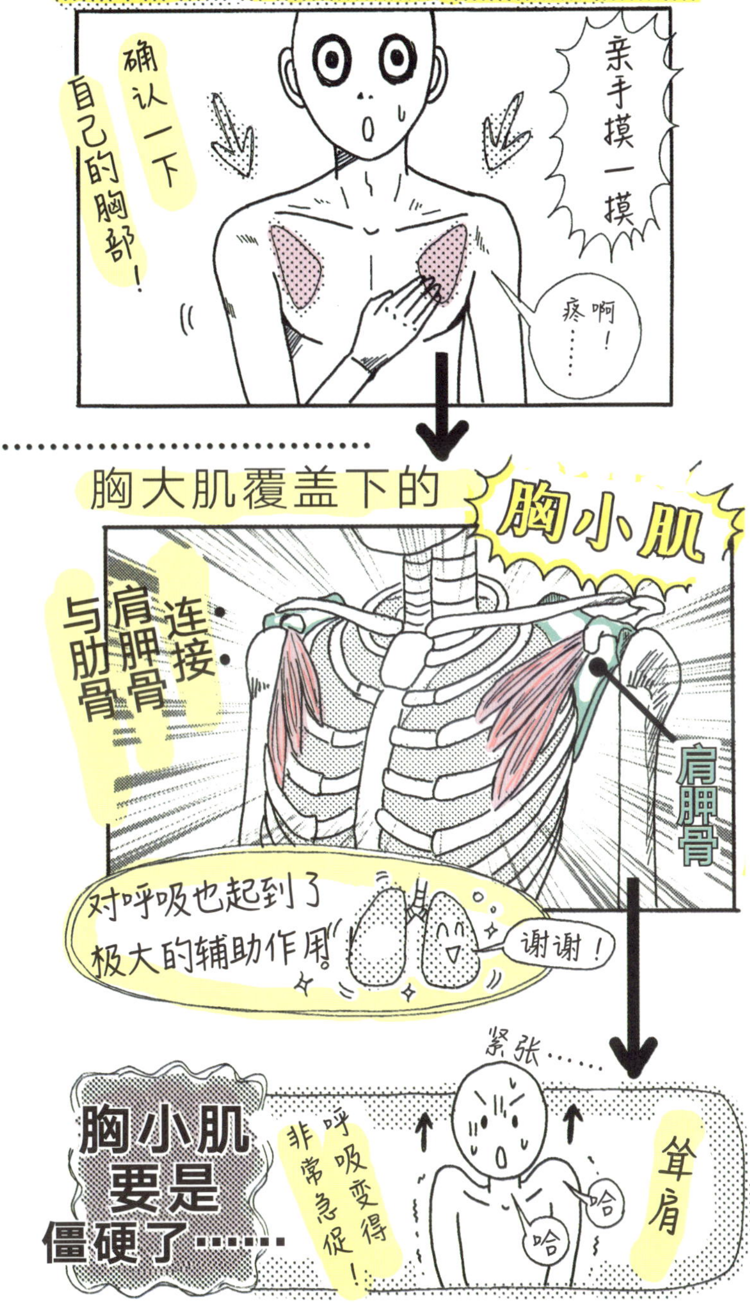

确认一下自己的胸部！
亲手摸一摸
疼啊！……
胸大肌覆盖下的
胸小肌
与肩胛骨连接·肋骨连接·
肩胛骨
对呼吸也起到了极大的辅助作用
谢谢！
紧张……
胸小肌要是僵硬了……
呼吸变得非常急促！
哈
哈
耸肩

网页设计师

胸小肌君的旋臂重启术

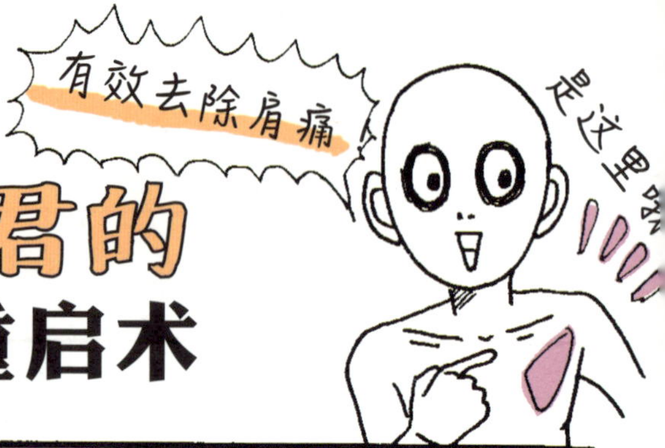
有效去除肩痛
是这里

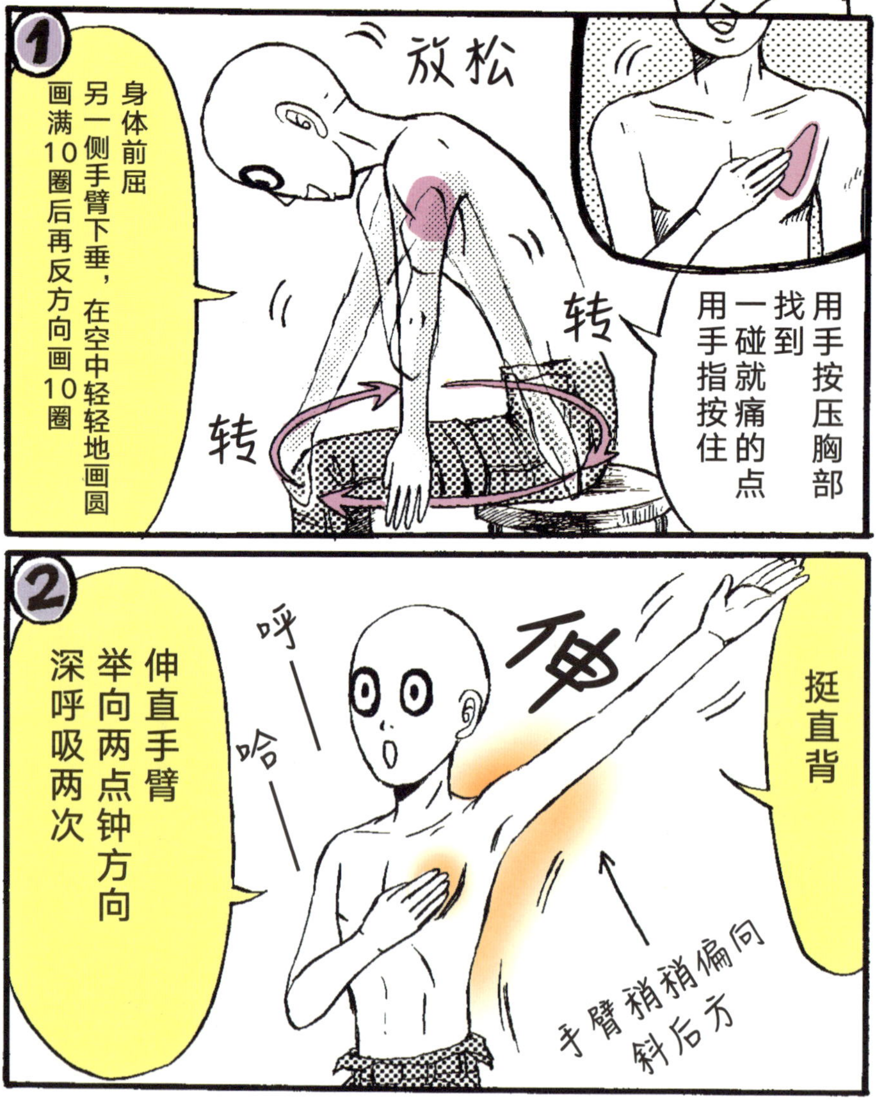
1
身体前屈
另一侧手臂下垂，在空中轻轻地画圆
画满10圈后再反方向画10圈
放松
转
转
用手按压胸部
找到一碰就痛的点
用手指按住
2
伸直手臂
举向两点钟方向
深呼吸两次
呼
哈
伸
挺直背
手臂稍稍偏向
斜后方

边按住胸部僵硬的肌肉边用手臂做大回环！

如果不能伸直手臂做大回环，可以将手臂稍微弯曲一些，一定要量力而为。旋臂重启术配合上深呼吸可以全面地舒展胸部肌肉，收获更好的效果。胸小肌作为辅助呼吸肌，能帮助肺部进行呼吸。胸小肌重启后，呼吸自然会变得轻松，我们也能获得更好的放松。

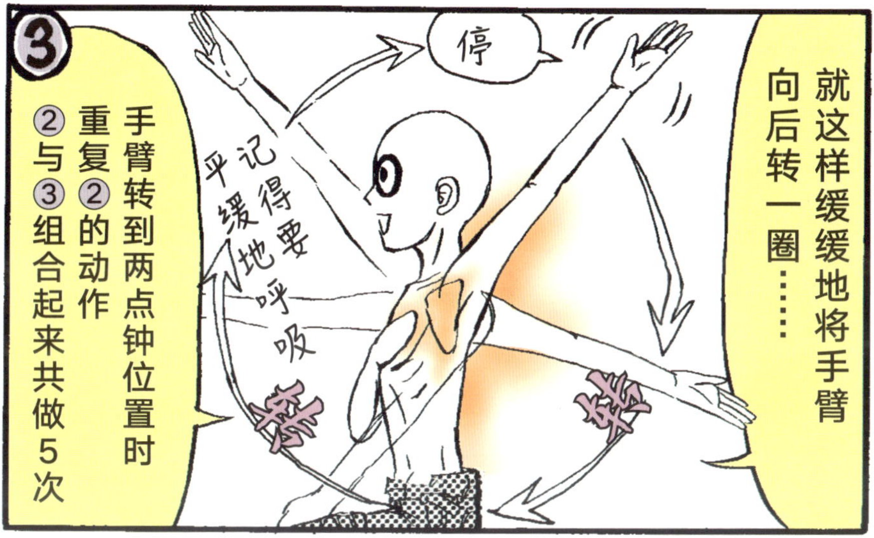

3
就这样缓缓地将手臂向后转一圈……
停
记得要平缓地呼吸
转
转
手臂转到两点钟位置时
重复②的动作
②与③组合起来共做5次

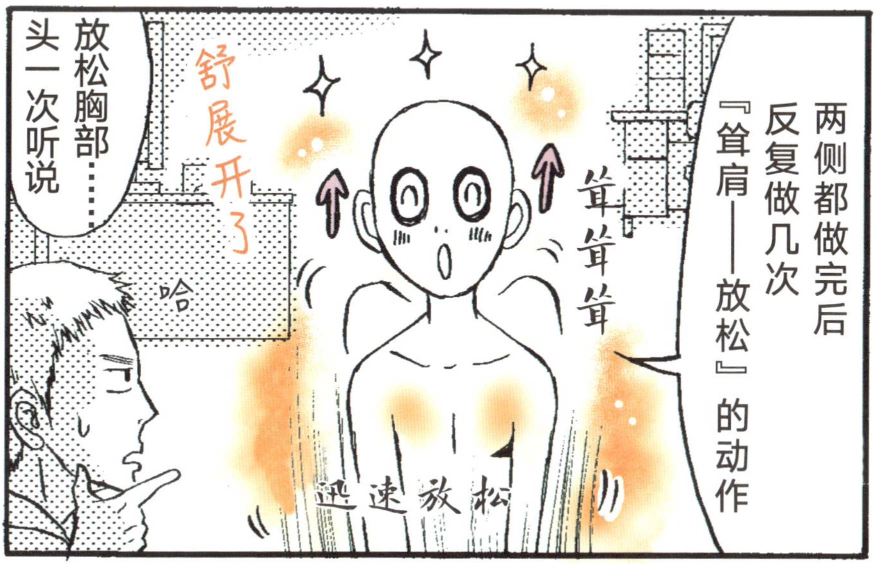

两侧都做完后
反复做几次
『耸肩——放松』的动作
耸耸耸
迅速放松
舒展开了
放松胸部……
头一次听说
哈

胳膊和肩膀的疲惫借助桌子就能完全消除

~清除手臂与肋部的代谢废物，让手臂、肋部甚至背部全都清爽起来~

手臂的疲惫还会导致肩部酸痛。

让我们先用“手臂检查法”测试一下我们手臂的健康状况，再借助桌子，用“肩臂重启术”拉伸我们手臂与肋部的肌肉，将手臂疲劳与肩部酸痛一并清除吧！

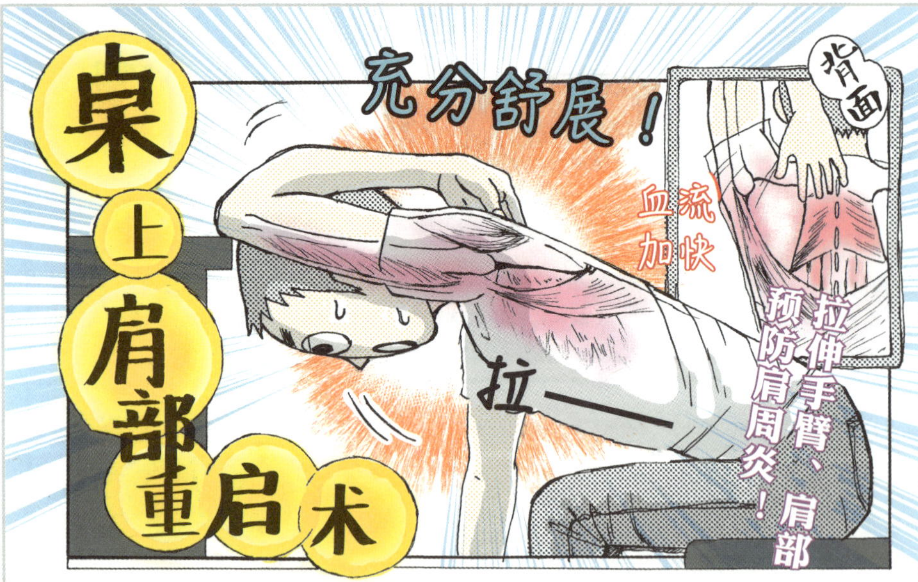
桌上肩部重启术
充分舒展！
背面
血流加快
拉伸手臂、肩部
预防肩周炎！
拉——

据说，我们一只手臂的重量约为我们体重的 6%而这些重量全部需要肩部来负担

我们手臂的重量全都压在肩部肌肉上，因此如果手臂本身没有力气了，我们肩部的负担就会加大，肩部肌肉本身也会变得僵硬紧绷。

首先，让我们来确认一下包覆着我们整个肩部的“三角肌”的位置。三角肌是辅助我们手臂运动的主要肌肉之一，因此十分容易疲劳。让我们手指一点点地按压，寻找三角肌上最酸痛的点吧。

本节介绍的重启术可以同时刺激“肱三头肌”“前锯肌”和“三角肌”这三块肌肉，由于它们全都与肩胛骨相连，因此我们可以借这个动作一并消除肩部的酸痛。

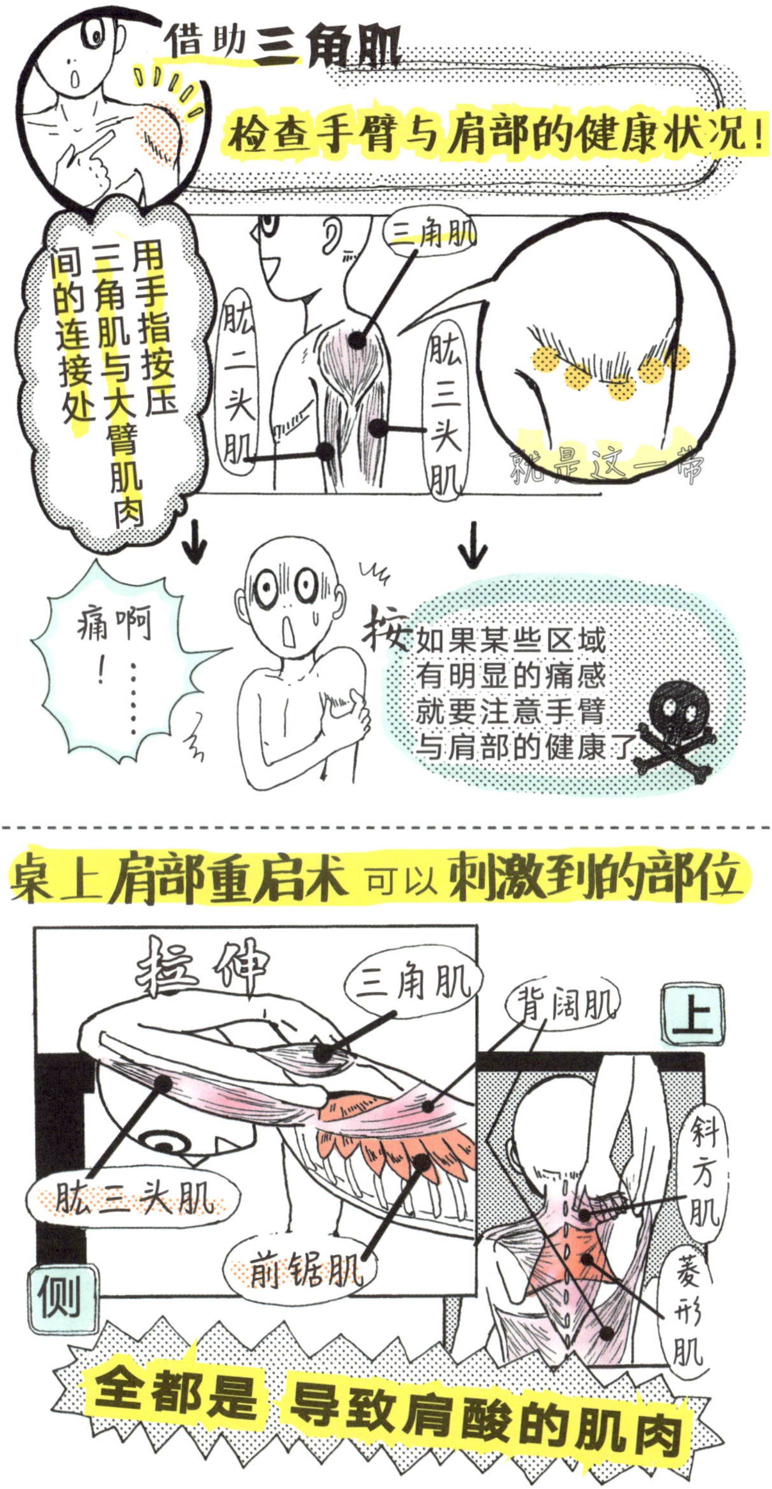
借助三角肌
检查手臂与肩部的健康状况！
用手指按压三角肌与大臂肌肉间的连接处
三角肌
肱二头肌
肱三头肌
就是这一带
痛啊！……
按
如果某些区域有明显的痛感就要注意手臂与肩部的健康了
桌上肩部重启术可以刺激到的部位
拉伸
三角肌
背阔肌
上
肱三头肌
前锯肌
侧
斜方肌
菱形肌
全都是 导致肩酸的肌肉

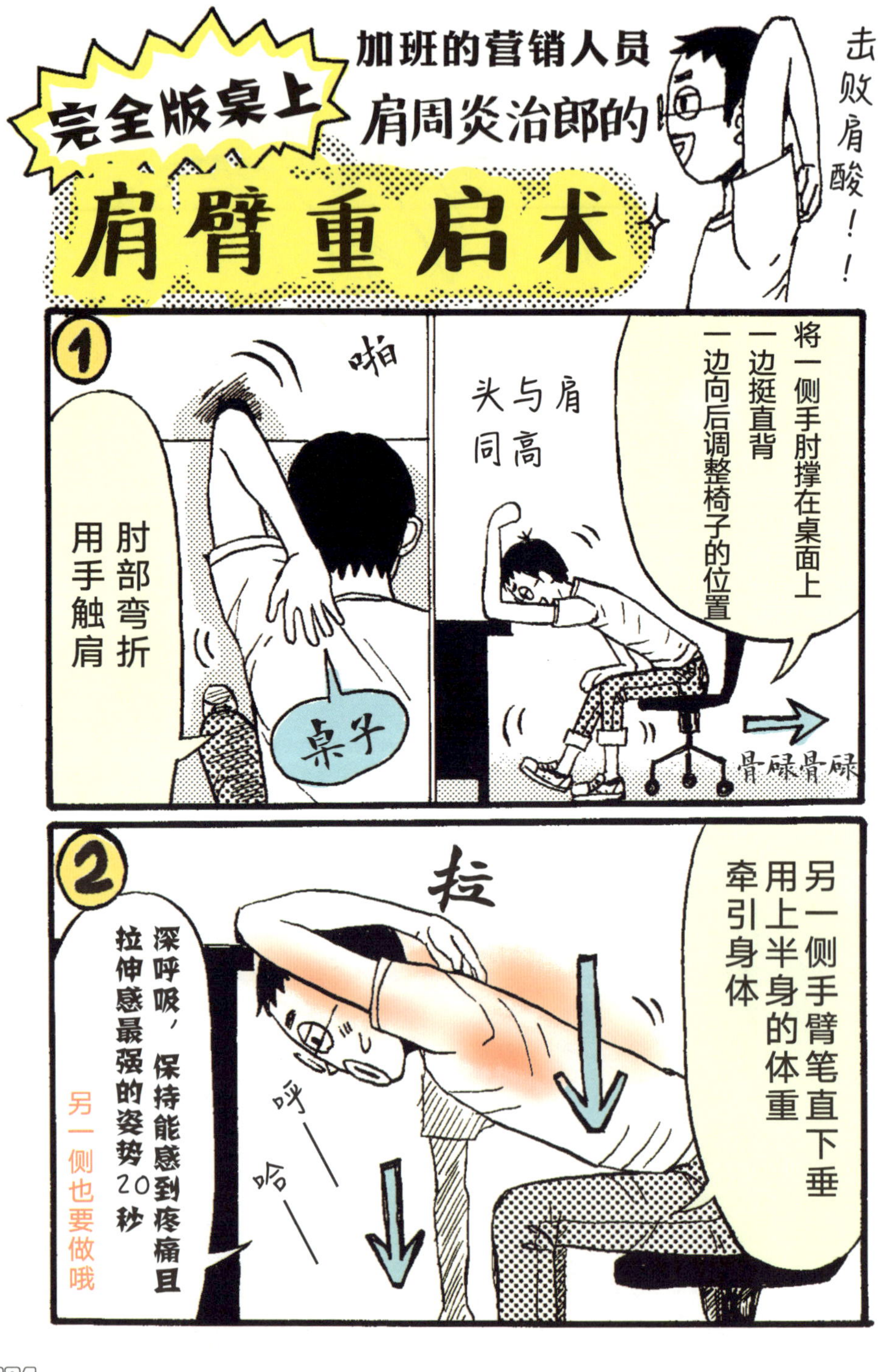

完全版桌上
加班的营销人员
肩周炎治郎的
肩臂重启术
击败肩酸！！
①
肘部弯折
用手触肩
啪
桌子
将一侧手肘撑在桌面上
一边挺直背
一边向后调整椅子的位置
头与肩同高
骨碌骨碌
②
拉
另一侧手臂笔直下垂
用上半身的体重
牵引身体
深呼吸，保持能感到疼痛且
拉伸感最强的姿势20秒
另一侧也要做哦
呼
哈

利用桌子与自身体重充分拉伸手臂与肋部

找到最痛且拉伸起来最舒服的姿势来重复这套动作吧，注意千万不要勉强哦。

做这套动作时，头部很容易在不经意间放松、下垂。请一定要避免这种情况。因为头部下垂会给肩部带去额外的压力。

附近没有桌子的话，也可以跪在地板上，借助椅子或床来做这套动作。

这套动作不仅能刺激手臂和肋部，还能将我们背部的斜方肌与菱形肌舒展开，对背痛与手臂发凉也有效果。

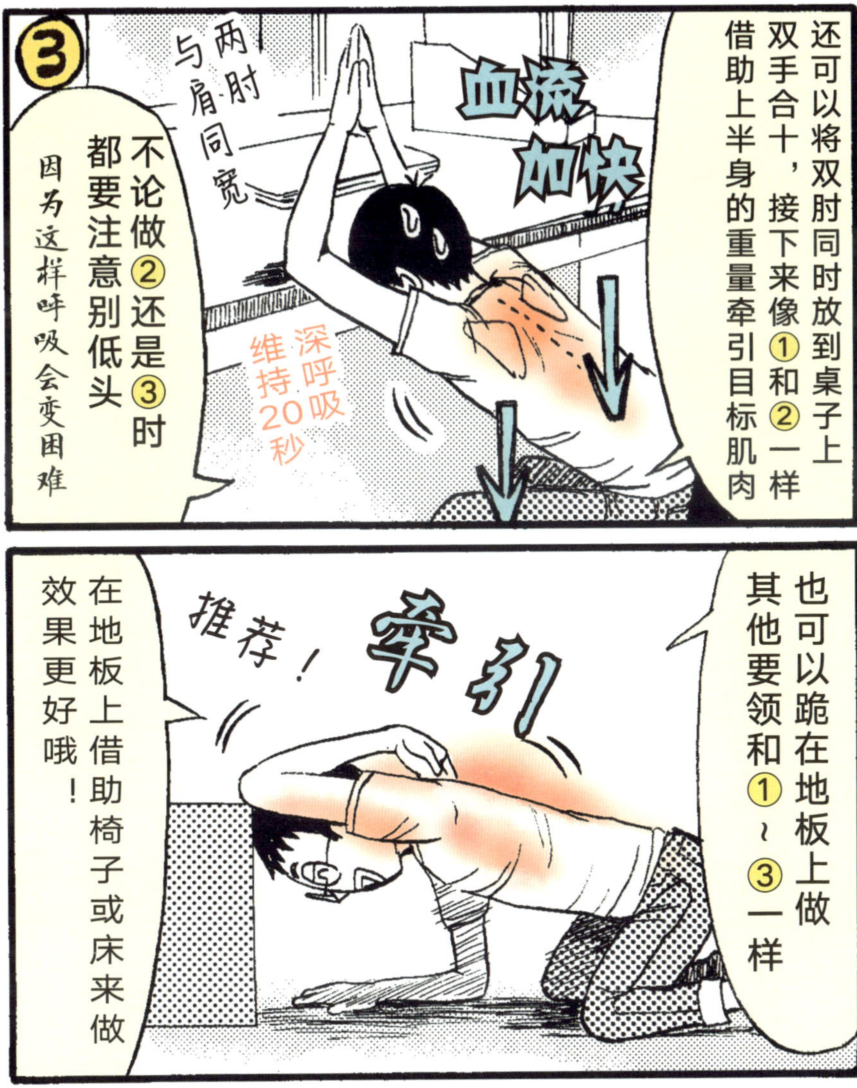
③
还可以将双肘同时放到桌子上双手合十，接下来像①和②一样借助上半身的重量牵引目标肌肉
血流加快
两肘与肩同宽
深呼吸维持20秒
不论做②还是③时都要注意别低头
因为这样呼吸会变困难
也可以跪在地板上做其他要领和①~③一样
牵引
推荐！
在地板上借助椅子或床来做效果更好哦！

击退肩痛的最强手段 “终极翻滚术”

～身体自重＋翻滚术帮你从肩到腰全部重启～

让我们借用身体的自重以及翻滚的力量，完成这招可以一举解放我们手臂、肩、背、腰的“一举多得重启术”吧！瑜伽中将这招称作“猫式扭转”。

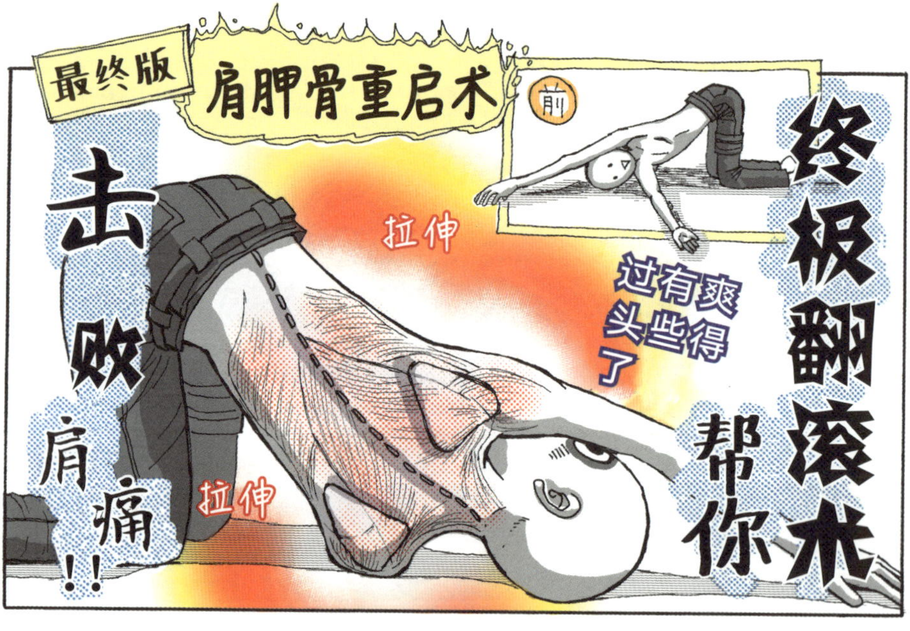
最终版
肩胛骨重启术
前
击败肩痛!!
拉伸
拉伸
爽得有些过头了
终极翻滚术帮你

直击导致肩痛的深层肌肉！

“翻滚”是一种非常强有力的重启方式，可以充分活动到目标区域的每一块肌肉。再配合上我们身体的自重，就完成了这招十分有效的“终极翻滚术”。

与肩胛骨相连的前锯肌与菱形肌非常容易紧张、僵硬，是导致肩痛的主要原因之一。但由于它们都多多少少地被其他肌肉所覆盖，一般招式很难刺激到它们。这时，“终极翻滚术”就派上用场了。

由于这招有些复杂，请让我通过插图向各位讲解“终极翻滚术”的要领吧！

图解终极翻滚术

从正面观察

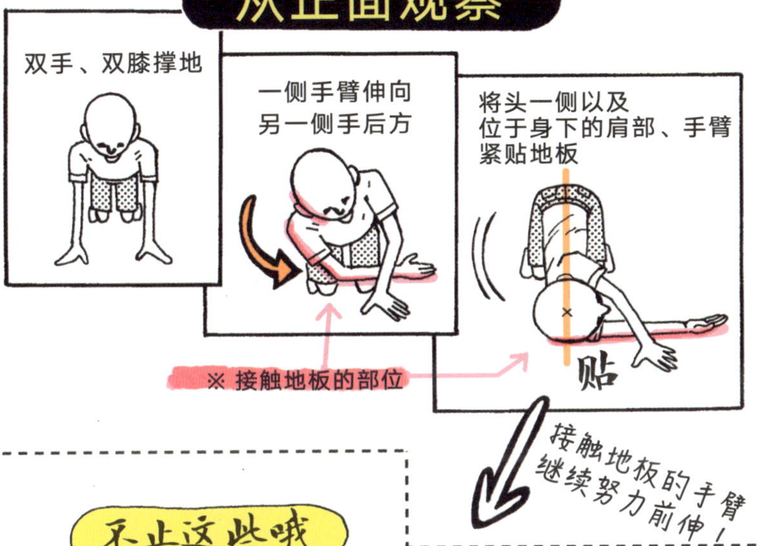

双手、双膝撑地
一侧手臂伸向
另一侧手后方
将头一侧以及
位于身下的肩部、手臂
紧贴地板
贴
※ 接触地板的部位
接触地板的手臂
继续努力前伸！

不止这些哦

这招能拉伸到的肌肉

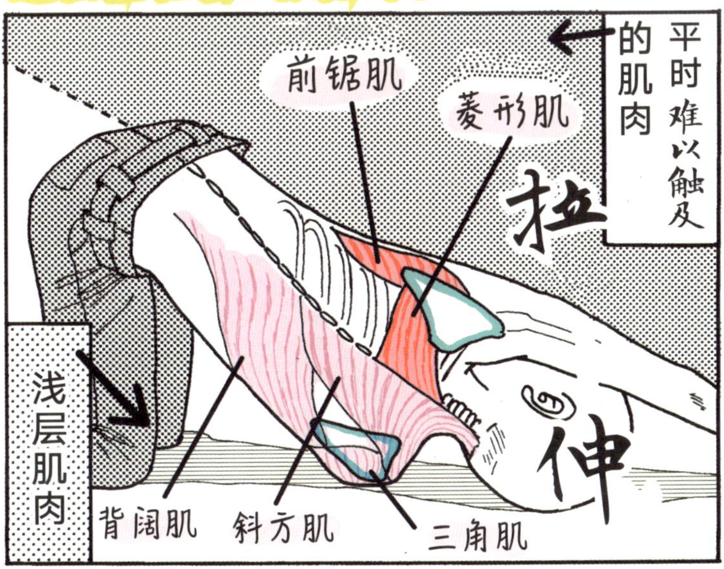

平时难以触及的肌肉
前锯肌
菱形肌
拉
伸
浅层肌肉
背阔肌
斜方肌
三角肌

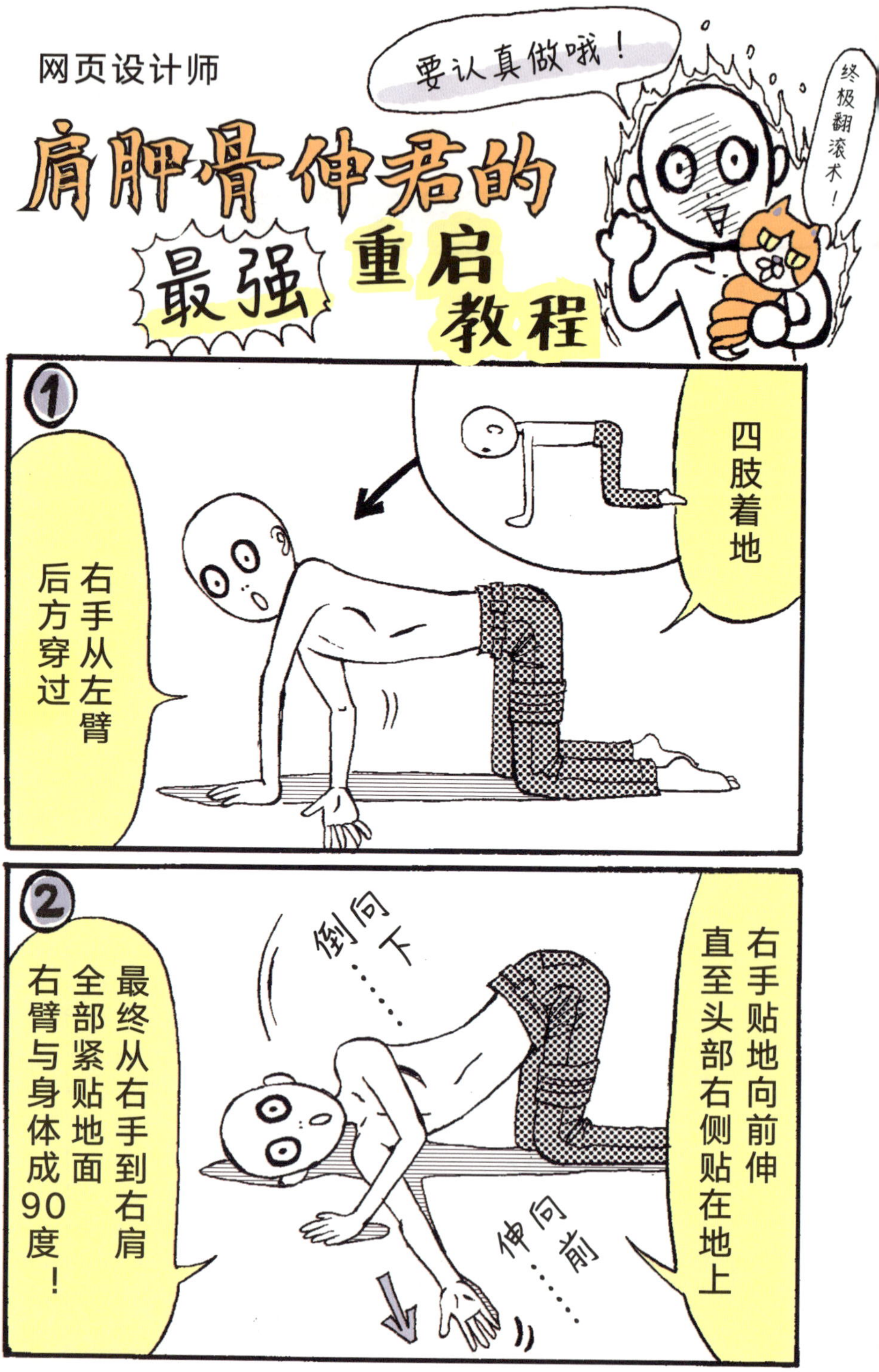

网页设计师
肩胛骨伸君的最强重启教程
要认真做哦！
终极翻滚术！
1
四肢着地
右手从左臂后方穿过
2
右手贴地向前伸直至头部右侧贴在地上
倒向下……
伸向前……
最终从右手到右肩全部紧贴地面右臂与身体成90度！

慢慢地完成动作，不要利用惯性迅速倒下去！

过程中记得保持深呼吸。另一个方向也要记得做哦。习惯了这个姿势后，可以试着多维持一段时间，这样效果更好。

做这个动作时，最好在身下垫上毛巾、地毯或被子等柔软的东西。做完起身后，你会感到上半身无比轻盈，血液在体内飞速循环。同时，由于做这个动作时你的头部处于比心脏低一些的位置，所以可以获得更多血液，做完后你的大脑也会更加清醒。

第一次做时可能会觉得有些困难。就让我们坚持尝试，渐渐掌握这个动作吧。

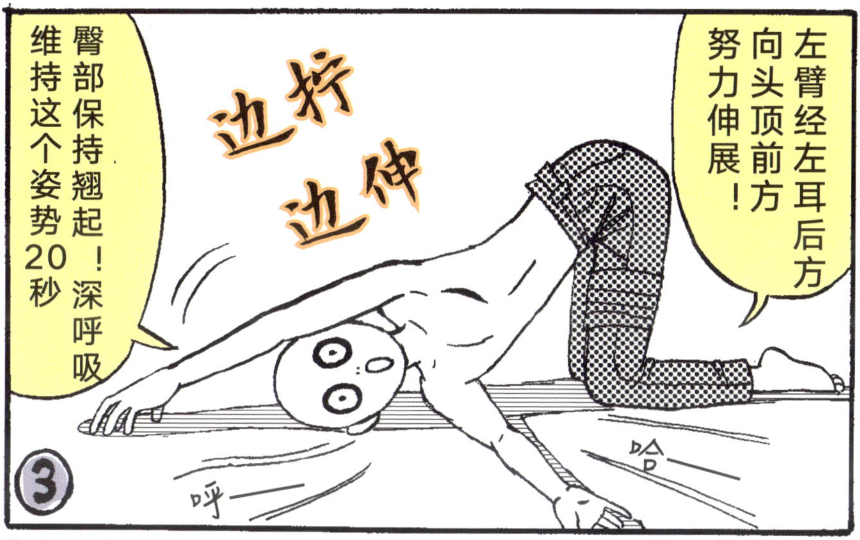

左臂经左耳后方向头顶前方努力伸展！
边拧边伸
臀部保持翘起！深呼吸维持这个姿势20秒
哈
呼
3

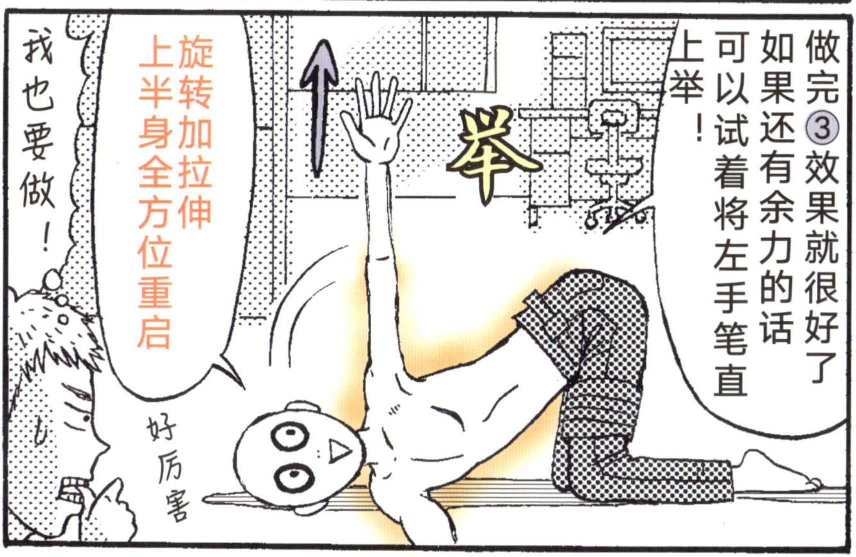

做完③效果就很好了如果还有余力的话可以试着将左手笔直上举！
举
旋转加拉伸上半身全方位重启
我也要做！
好厉害

学到了
你就偷笑吧

身体重启小妙招

这里是能帮你利用起在家中的零散时间，而且非常适合睡前完成的“身体重启小妙招”。本节将向大家介绍的是非常适合在地毯或床上做的“时钟重启术”，只需躺着就能消除肩酸。在日本，这招“时钟指针式瑜伽”人气极高。

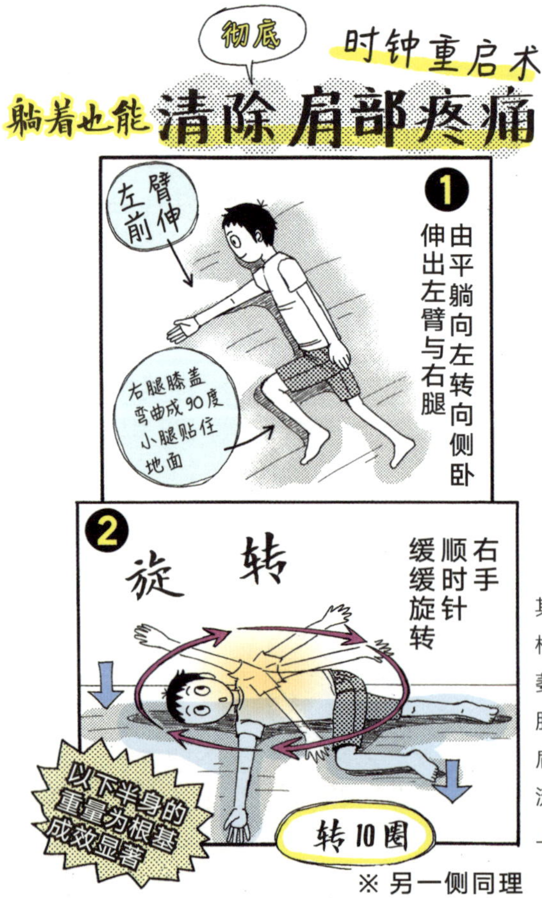
彻底
时钟重启术
躺着也能清除肩部疼痛
1
由平躺向左转向侧卧
伸出左臂与右腿
左臂前伸
右腿膝盖弯曲成90度小腿贴住地面
2
旋转
右手顺时针缓缓旋转
以下半身的重量为根基成效显著
转10圈

※ 另一侧同理

手臂的活动配合身体其他部分的重量，可以轻松有效地拉伸开我们僵硬萎缩的肌肉，将肩、胸、肋、背、手臂一并放松。肩部的僵硬解除后，血液流动也会更加顺畅，整个上半身都会觉得十分舒爽。

PART 6

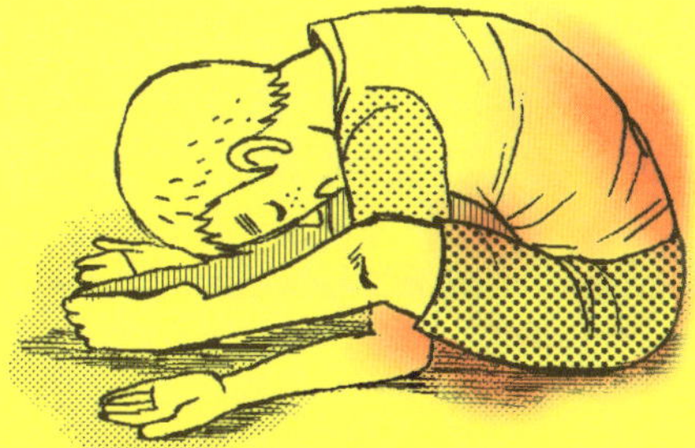

全面保护腰与背 疼痛不再来

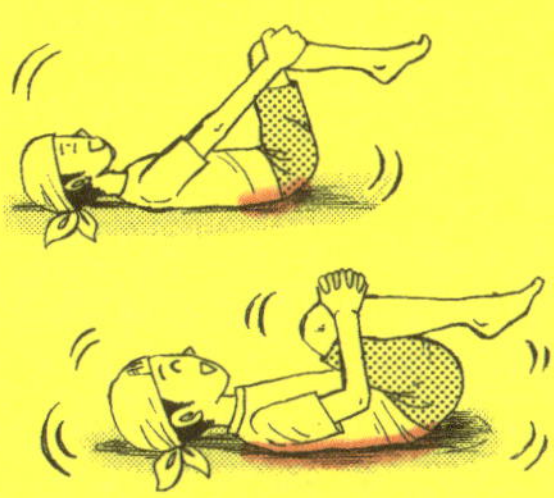

腰痛必试绝技
超简单“抱团重启术”

~ 想缓解腰痛？你需要关照一下支撑腰部的肌肉 ~

躺在床上双手抱膝。这动作看似普通，实则非常有效，
能一次性拉伸到所有支撑着腰部的肌肉。
并且它不仅对缓解腰痛有效，还能帮你摆脱疲惫，缓解便秘！

抱团腰部重启术
腘绳肌
臀大肌
一招舒展与腰痛有关的所有肌肉！
渐渐
舒展
背部深层肌肉
都变得柔软了！

腰部非常依赖四周肌肉的支撑！

时刻支撑着我们上半身的腰部可以说是我们身上最重要的部位之一了。但同时，我们的腰部也十分柔弱，就像 93 页的插图里所画的一样。

当我们腰痛时，脊椎周围的肌肉会纷纷紧绷起来，试图帮我们缓解疼痛。于是疼痛就这么蔓延到了臀部和腿部……

因此，在腰痛时反过来先舒展腰部外围的肌肉，也就成了缓解腰痛的秘诀。也正是因此，每当你因腰痛跑去按摩时，按摩师傅都会把你的臀部和大腿也一起按了。

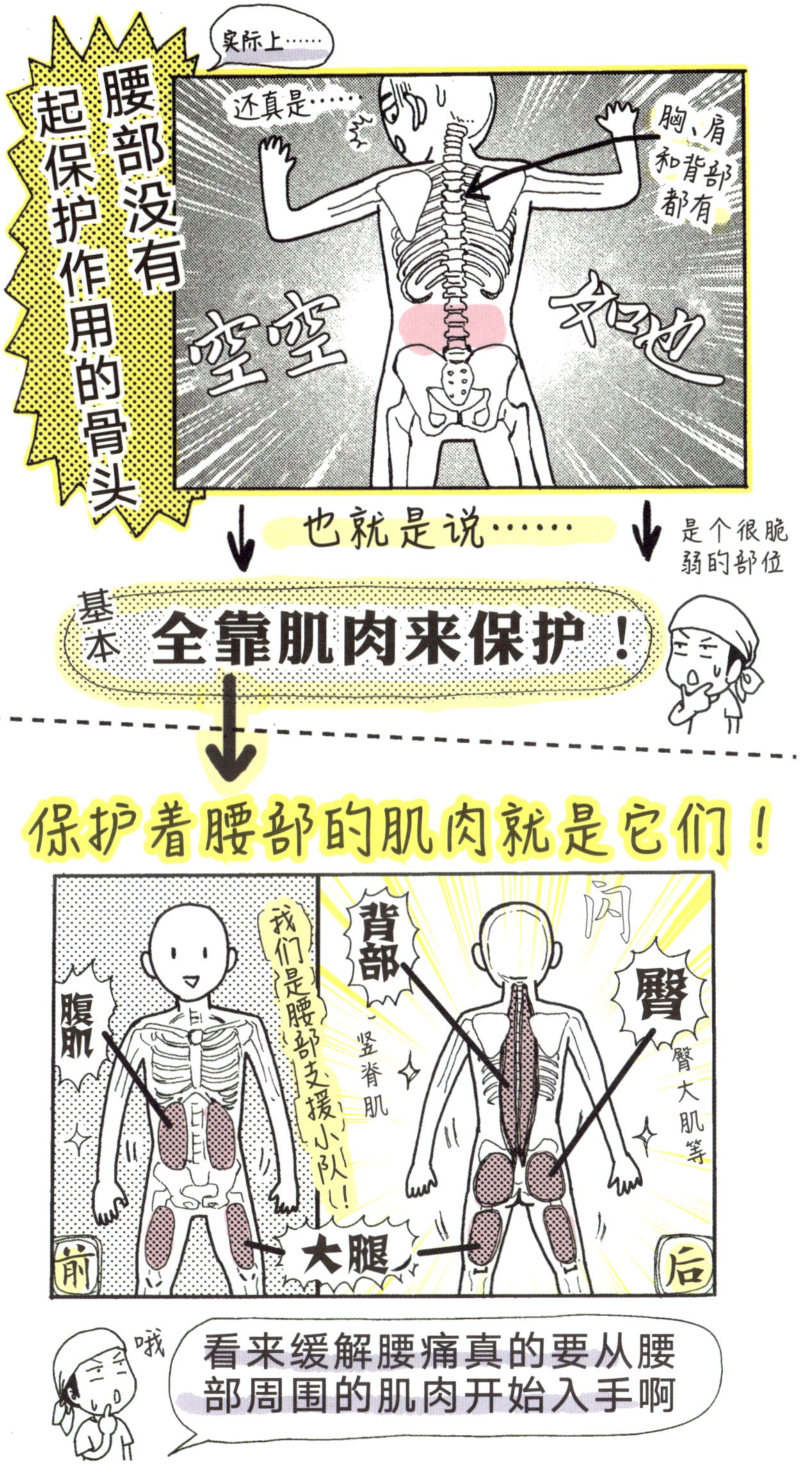
实际上……
腰部没有起保护作用的骨头
还真是……
胸、肩和背部都有
空空
也就是说……
是个很脆弱的部位
基本全靠肌肉来保护！
保护着腰部的肌肉就是它们！
腹肌
我们是腰部支援小队！
背部
竖脊肌
臀
臀大肌等
大腿
前
后
哦
看来缓解腰痛真的要从腰部周围的肌肉开始入手啊

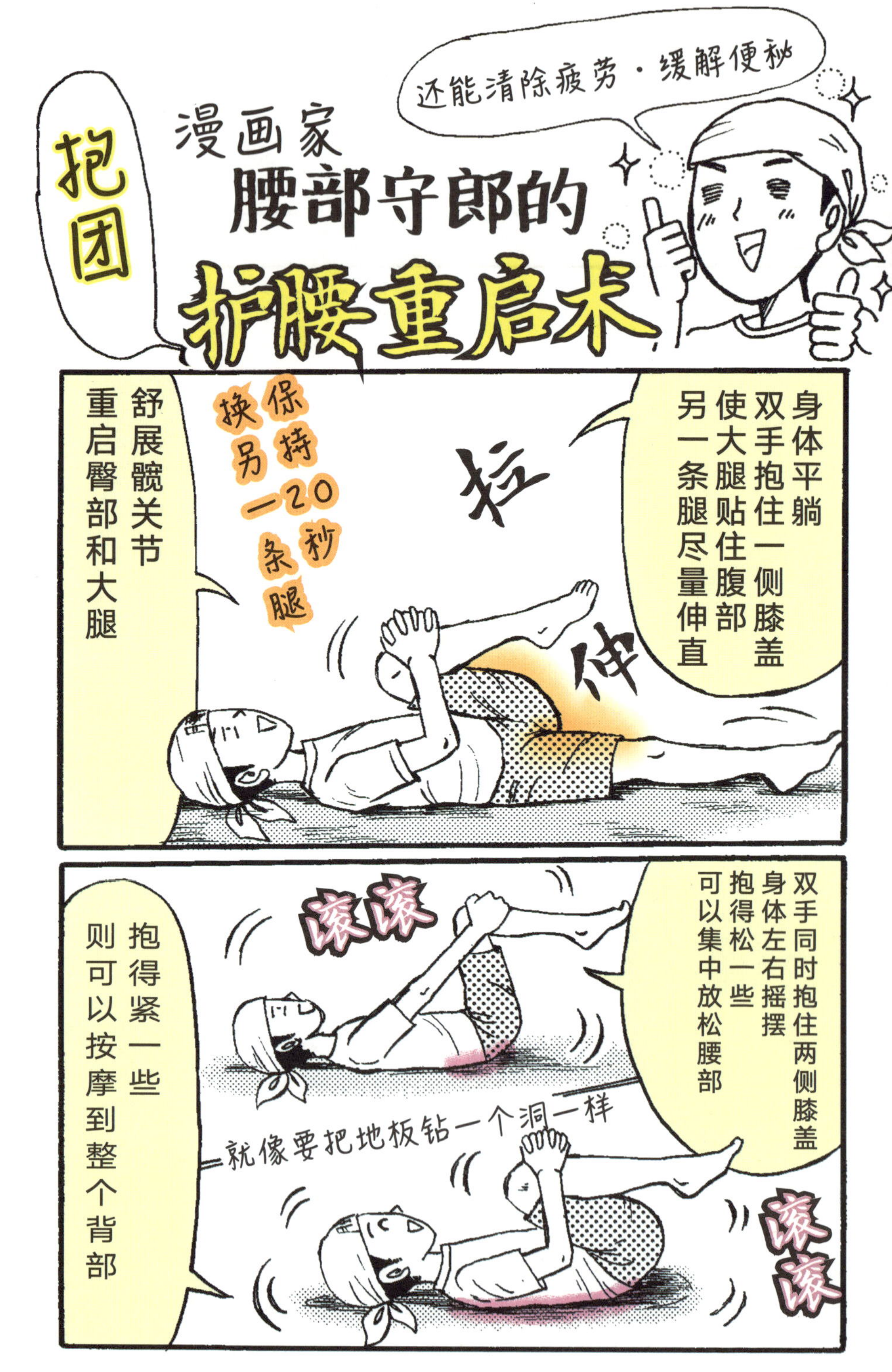
抱团
漫画家
腰部守郎的
护腰重启术
还能清除疲劳·缓解便秘
身体平躺
双手抱住一侧膝盖
使大腿贴住腹部
另一条腿尽量伸直
拉
伸
保持20秒
换另一条腿
舒展髋关节
重启臀部和大腿
双手同时抱住两侧膝盖
身体左右摇摆
抱得松一些
可以集中放松腰部
滚滚
就像要把地板钻一个洞一样
滚滚
抱得紧一些
则可以按摩到整个背部

先从一条腿开始做更轻松

第一个动作更适合在地板上做，不过从第二个动作开始就可以转移到床上啦。除了床，还可以在地毯上做。如果你家铺了木地板，也可以试试把对折过的浴巾垫在身下。

在双手抱膝的状态下进行深呼吸，可以深入舒展我们的横膈膜，帮我们改善血液循环、放松全身。另外，这个动作还可以温柔地刺激我们的全部内脏及肠道，因此对通便排毒也有一定效果。

肩部一定要放松，双手抱膝
使膝盖尽量贴近胸部
渐渐舒展
呼
哈
渐渐舒展
配合深呼吸保持这个动作30秒
熟练了之后可以多坚持一段时间

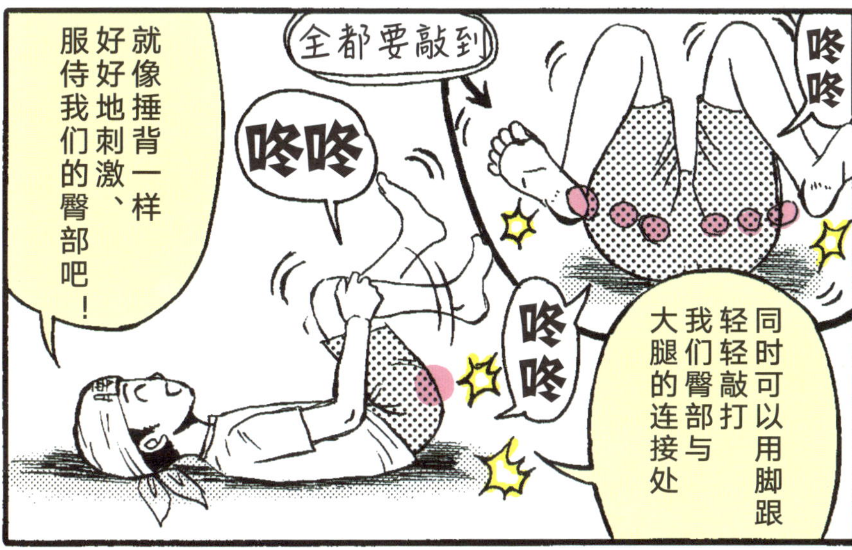

咚咚
全都要敲到
就像捶背一样
好好地刺激、
服侍我们的臀部吧！
咚咚
咚咚
同时可以用脚跟
轻轻敲打
我们臀部与
大腿的连接处

腰部僵硬
说明你该重启髋关节了！

~ 促进骨盆区域血液流动，对抗腰痛与手脚发冷 ~

日常生活中我们很少有机会大幅度地活动我们的髋关节，因此那里的肌肉很容易僵硬。就让我们用对腰痛超级有效的“髋关节重启术”重启一下臀部和大腿后侧、内侧的肌肉，帮自己好好放松一下吧。这招在日本又被称作“珍珠贝式”，类似瑜伽中的“龟式”。

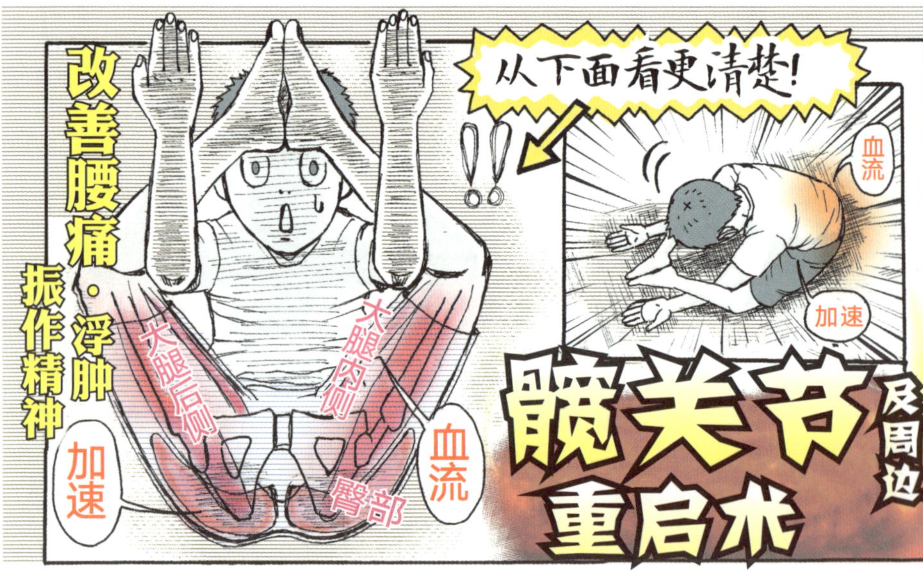

髋关节僵硬→体态歪斜→进一步引发其他病症

髋关节的僵硬可以说是骨盆歪斜、腰痛、浮肿、手脚发凉等种种病痛的源头。并且，骨盆歪斜还会引起肩部与背部的肌肉酸痛。

首先，让我们用“柔韧性检查法”检查一下负责支撑我们髋关节的大腿内侧肌肉——内收肌群的柔韧性吧！

男性虽然身材普遍比女性高大，但骨盆却比女性小，骨盆区域关节的活动范围也相对狭窄。因此，这个动作对部分男性来说可能有些困难。不过，关节再怎么僵硬的人，只要坚持使用“髋关节重启术”，柔韧性也能得到很大提升。

你的髋关节怎么样？
盘腿坐下
尝试将双脚脚心
完全并拢
膝盖距离地面的高度
紧贴地面
柔软
一般
僵硬
三拳高

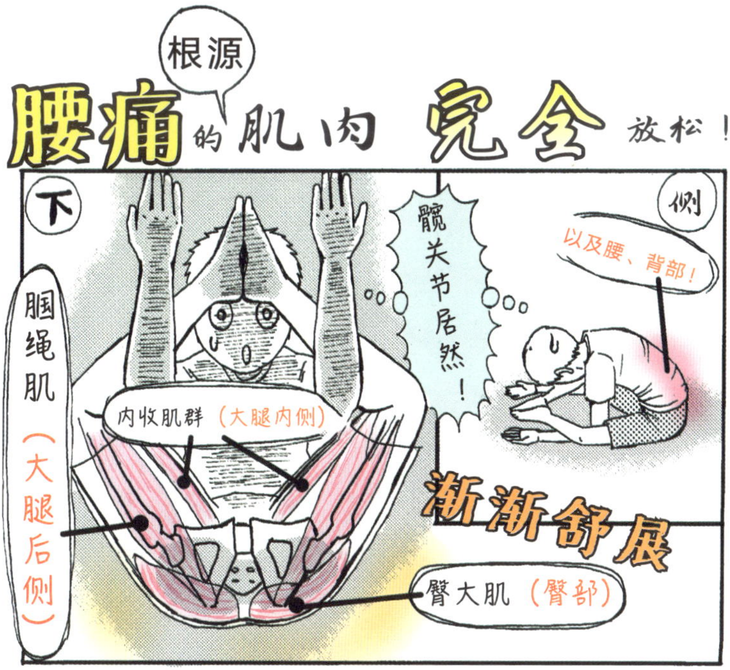
根源
腰痛的肌肉完全放松！
下
腘绳肌（大腿后侧）
内收肌群（大腿内侧）
臀大肌（臀部）
髋关节居然！
侧
以及腰、背部！
渐渐舒展

从下面看真是惊人！髋关节重启术图解

腰痛 浮肿 缓解疲劳

珍珠君的髋关节及周围重启术

比看上去还要爽！

盘腿坐下
双脚脚心对齐贴住
这是准备运动
咔嗒
咔嗒
双手将膝盖向下按20～30次
可以很有效地舒展
Pearl
双脚保持并拢向前伸
使腿部围成一个菱形
慢慢地哦
上
双手手心向上
从两侧小腿下方穿过
尽最大努力向前伸

重点并不在于上半身弯得多么低，关键是要让髋关节产生拉伸感！

双脚稍微分开一些也没关系。一点点地挪动臀部，寻找最适合自己的姿势吧。

由于髋关节分布着关键的大血管与淋巴结，所以只需向它施以适当的刺激，就能很好地促进血液及淋巴循环，加快新陈代谢，对缓解浮肿、手脚发冷以及疲惫都很有效。

另外，据说骨盆区域血液流动的加快，对缓解便秘及妇科疾病也有好处。

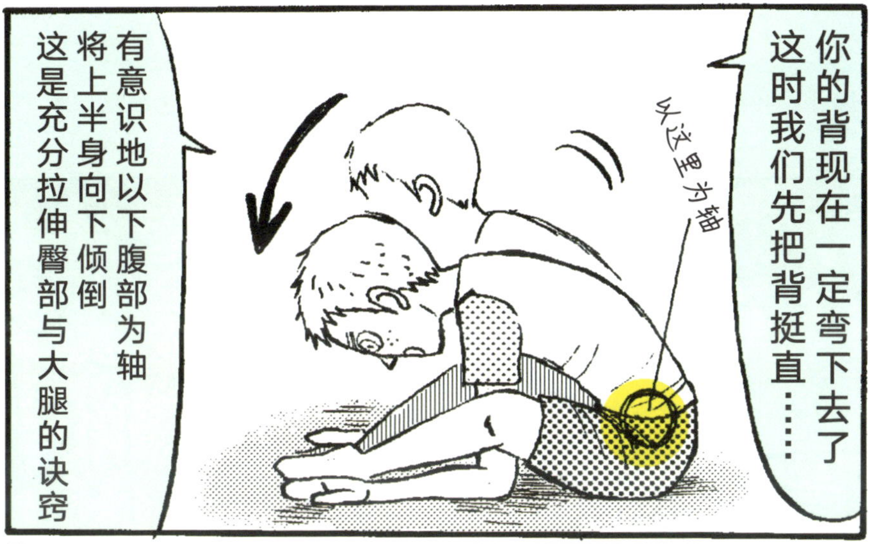
你的背现在一定弯下去了
这时我们先把背挺直……
以这里为轴
有意识地以下腹部为轴
将上半身向下倾倒
这是充分拉伸臀部与大腿的诀窍

姿势调整到最痛且最『痛并舒服』的状态
颈部放松，头部自然下垂……
深呼吸，保持30秒
渐渐
舒展
呼——
哈——
对髋关节、臀部、大腿的刺激
舒服得让人上瘾
腰部也暖暖的！

想要预防、改善腰痛得先照料好你的大腿！

~ 腿部充满暖意，全身的疲倦全都消失无踪 ~

僵硬的腿部也是腰痛的元凶之一。
而腿部僵硬，则通常是由腘绳肌紧绷所引起的。
因此，我在此向觉得腰痛、浑身乏力的朋友们隆重推荐“大腿重启术”！

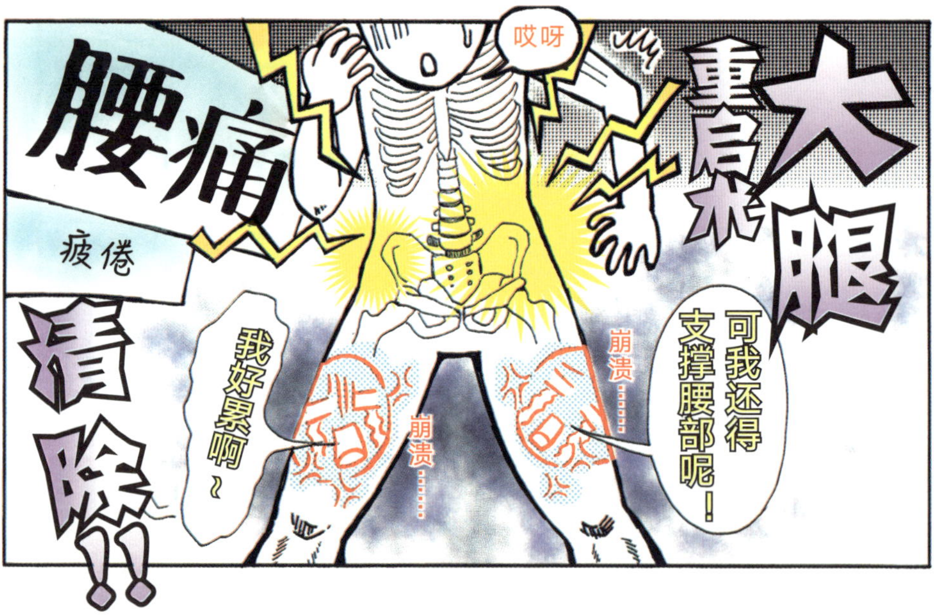
哎呀
腰痛
疲倦
清除!!
大腿重启术
我好累啊~
崩溃……
崩溃……
可我还得支撑腰部呢！

通过观察骨盆倾斜的方式，就能知道你的腰痛是哪块肌肉引起的！

我们的臀部与大腿的肌肉，起着在下方撑起腰部的重要作用。由于这份职责要求它们与重力相抗衡，所以很容易使它们过度疲劳，成为导致我们腰痛的根源。

容易腰痛的人，根据站姿可以分为“弓腰型”和“挺腰型”，这两类人的腰痛分别是由不同的肌肉所导致的。让我们先来通过体前屈与后仰来测试一下自己的身体吧。当然，也可能有的人不论前倾还是后仰都很困难，并且骨盆周围的肌肉全处于僵硬紧绷状态。

测试过后，就让我们用大腿重启术减轻腰部的痛苦吧。

你的腰痛，是以下两种中的哪种？

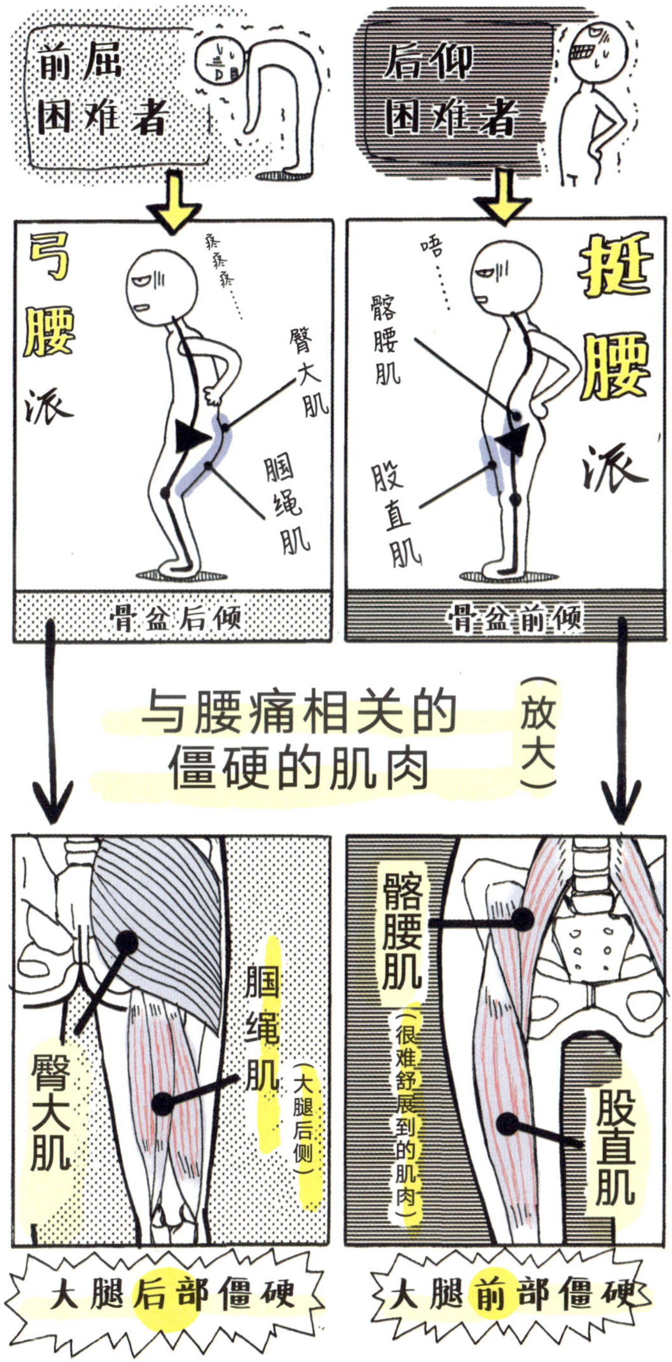

减轻腰痛＆缓解疲劳！
借助椅子十分简单！
股彦君的
大腿深层肌肉重启术
找一把稳固的椅子
呼
哈
一侧腿搭在椅子上
脚尖朝上，上半身前倾
保持这个姿势的同时深呼吸
拉伸
脚掌转而踏在椅子上
挺直背
保持这个姿势
哦——
我的髋关节……
每个动作保持20秒
两侧都要做哦
拉伸

挺直背，腰部不要后倾！

锻炼时一定要量力而行，不要伤害到膝盖或腰部。这个动作可以帮我们充分拉伸大腿内侧、前侧，以及髋关节周围的肌肉。

髂腰肌是一块对我们的站立与行走来说非常重要的肌肉，但一般的方法很难舒展到它。将包含它在内的大腿肌肉一并重启后，我们能明显感觉到腿部血液循环加快，下半身的倦怠感一扫而空，对放松身心都十分有效。

这次试试不用椅子
单膝跪地
另一侧腿向前迈一大步
为了不让我们的膝盖痛
在它下面垫些东西吧

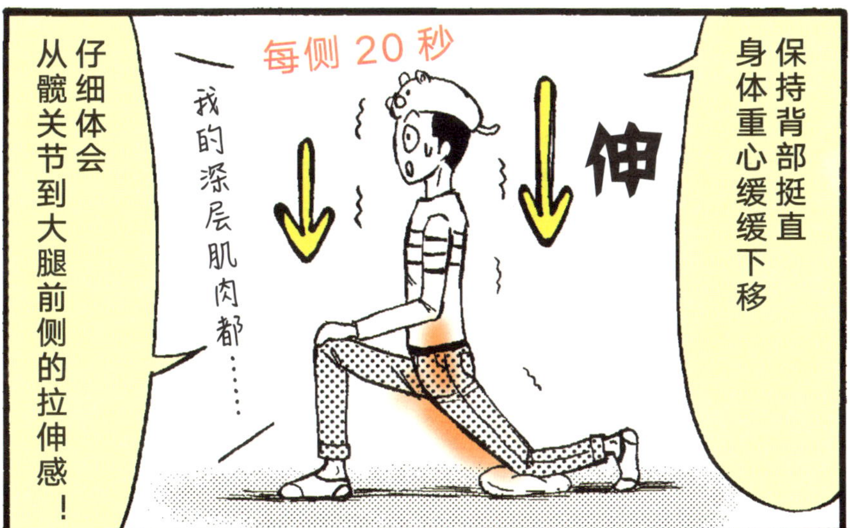
每侧 20 秒
保持背部挺直
身体重心缓缓下移
伸
我的深层肌肉都……
仔细体会
从髋关节到大腿前侧的拉伸感！

对付顽固腰部僵硬 找把椅子扭一扭就行啦

~ 不仅缓解内脏疲劳，还能消除肩背僵硬 ~

你知道“内脏疲劳”也会导致肩酸吗？
“扭腰重启术”可以让你内脏的疲劳与肩部、背部的僵硬消失得无影无踪。
让我们一起清除上半身的僵硬倦怠，重启新的一天吧。

身体的僵硬一扫而空！
肩痛消失！
后
拉伸
血流
加快
渐渐
舒展
扭一扭
内脏疲劳减轻！

疲劳的内脏会将紧张感传导至背部肌肉！

说到肩酸，我们通常会认为那是由不良的生活习惯、不健康的姿势或过大的压力导致肌肉紧张所引起的。要说内脏的疲劳也会导致肩酸，还真有点不敢相信。

在 105 页，我将向各位说明这令人意想不到的事实中，到底有着怎样的原理。

至于内脏疲劳，很多时候就是由运动不足所引起的。另外，据说凉的东西吃多了，也会影响内脏的健康状况。

内脏疲惫后，我们体内的血液循环也会受到影响，并由此引发食欲不振、昏昏欲睡、肩部酸痛、浮肿等其他症状……

内脏疲劳 导致 肩部酸痛 的原理

会是什么呢？

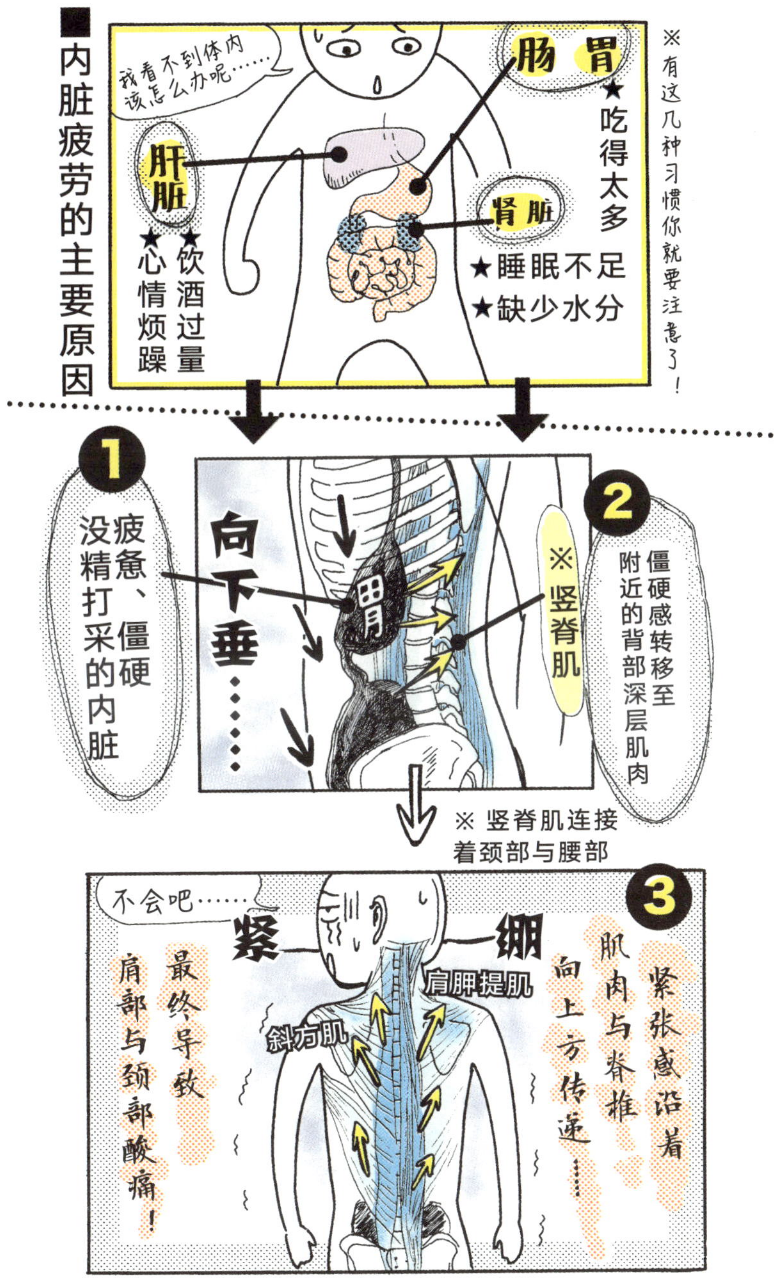

■内脏疲劳的主要原因
我看不到体内
该怎么办呢……
肝脏
★饮酒过量
★心情烦躁
肠胃
★吃得太多
肾脏
★睡眠不足
★缺少水分
※有这几种习惯你就要注意了！
1
疲惫、僵硬
没精打采的内脏
向下垂……
胃
2
※竖脊肌
僵硬感转移至
附近的背部深层肌肉
※竖脊肌连接
着颈部与腰部
3
不会吧……
紧绷
肩胛提肌
斜方肌
紧张感沿着
肌肉与脊椎
向上方传递……
最终导致
肩部与颈部酸痛！

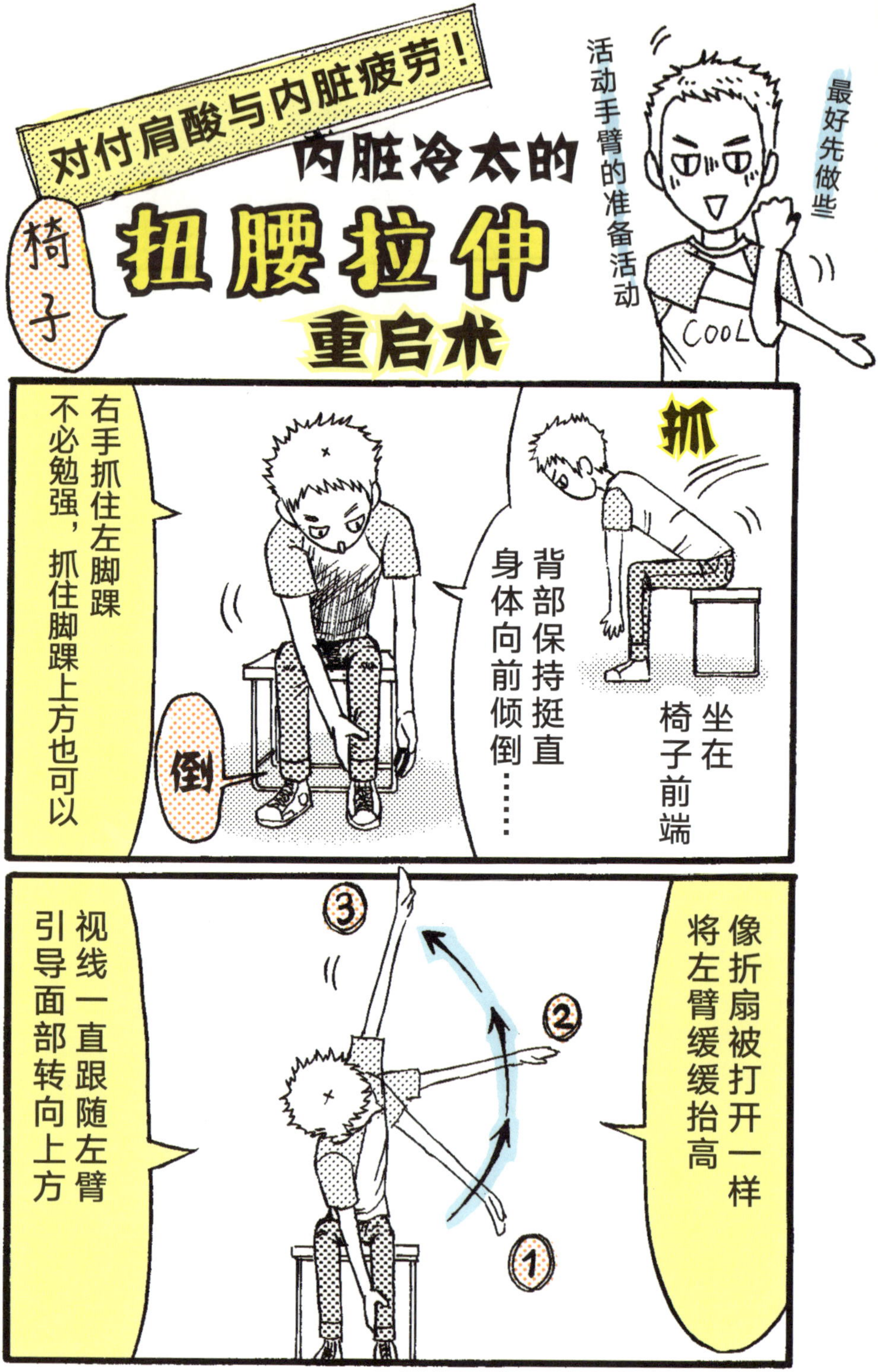
对付肩酸与内脏疲劳！
内脏冷太的
扭腰拉伸
重启术
椅子
活动手臂的准备活动
最好先做些
COOL
抓
坐在椅子前端
背部保持挺直身体向前倾倒……
倒
右手抓住左脚踝
不必勉强，抓住脚踝上方也可以
像折扇被打开一样将左臂缓缓抬高
1
2
3
视线一直跟随左臂引导面部转向上方

像打开折扇一样将手臂上举是这个动作的关键！

如果感到脖子痛，那么只将面部朝向侧面也可以。

这个动作可以有效地刺激肌肉，清除我们整个背部的僵硬。不仅肩与背的酸痛，就连手臂的疲惫都能减轻。而且，通过大幅扭动上半身，我们所有的内脏也都能得到按摩并重新焕发活力。顺畅的血液循环将更多的氧气与营养输送到内脏中，不仅能加快我们的新陈代谢，对调节自律神经也有一定效果。

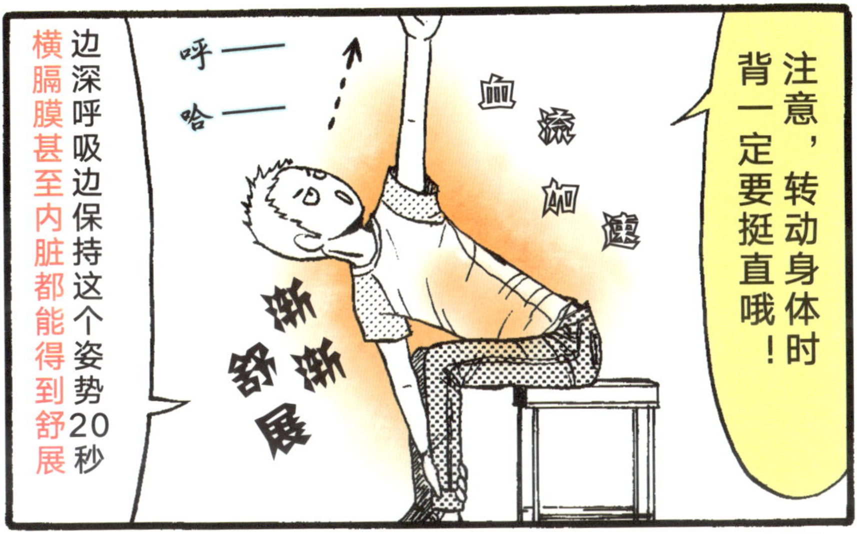

注意，转动身体时背一定要挺直哦！
血流加速
呼——
哈——
渐渐舒展
边深呼吸边保持这个姿势20秒
横膈膜甚至内脏都能得到舒展

从身体最中心的区域直至肩、背、手臂
呼——
身心愉悦
上半身的疲劳一扫而空
十分舒爽
另一侧同理
HOT

从背到腰的疲惫 “脊椎扭转术”帮你一网打尽

~身体由内到外完全放松~

当肩、背、腰同时疼起来时，我推荐你试一试“脊椎扭转术”这个动作可以将力集中在身体的中心——脊椎周围的肌肉上，因此可以由内而外地消除我们体内深层的酸痛。

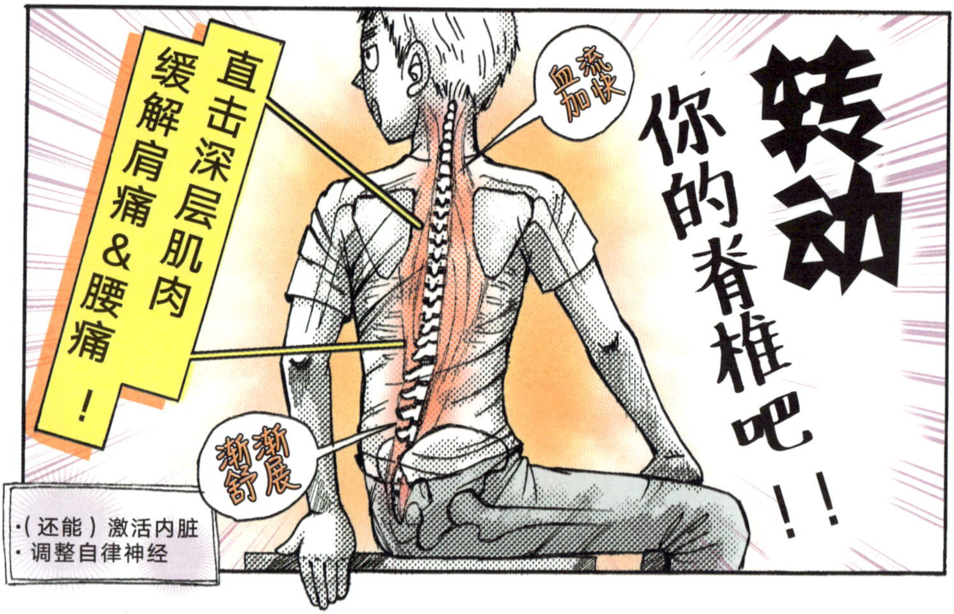
直击深层肌肉
缓解肩痛&腰痛！
血流加快
转动你的脊椎吧！！
渐渐舒展
·(还能)激活内脏
·调整自律神经

直达包围肋骨的“超关键肌肉”

竖脊肌是两条纤长的深层肌肉，纵向分布于脊椎两侧，承担着支撑背部的重要使命。由于不论我们站着还是坐着时都需要它来维持脊椎的直立，因此它非常容易疲劳，也容易让我们感到疼痛，还会引发肩痛与腰痛。

通过温柔地大幅度扭转体干，可以给我们所有的内脏以恰当的刺激，使我们的血液循环更加通畅，代谢废物更容易被排出，对维护内脏健康也十分有效。

竖脊肌是什么？

是与重力对抗
帮我们立起上半身
的深层肌肉

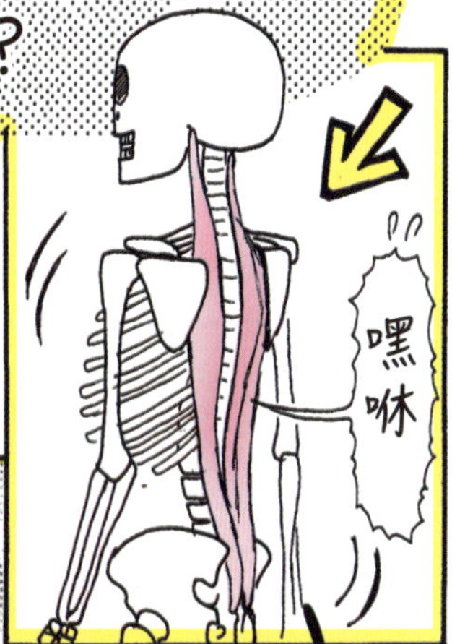

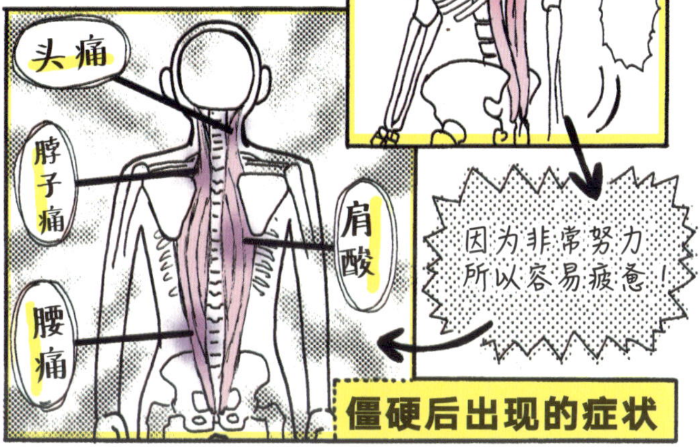

用脊椎扭转术重启全部内脏！

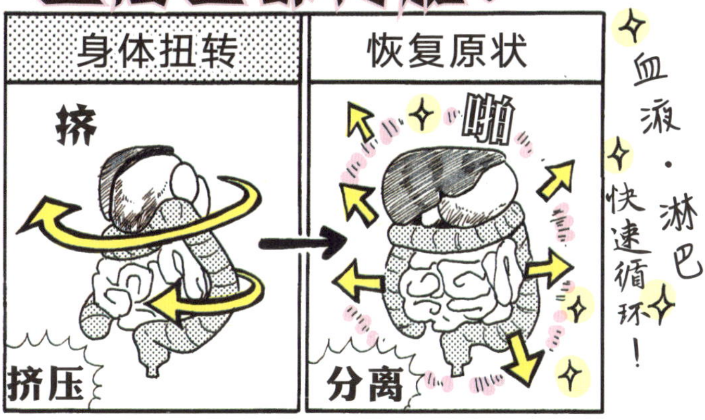

从核心到体干全部放松！

椅子 中尾扭转的
脊椎重启术

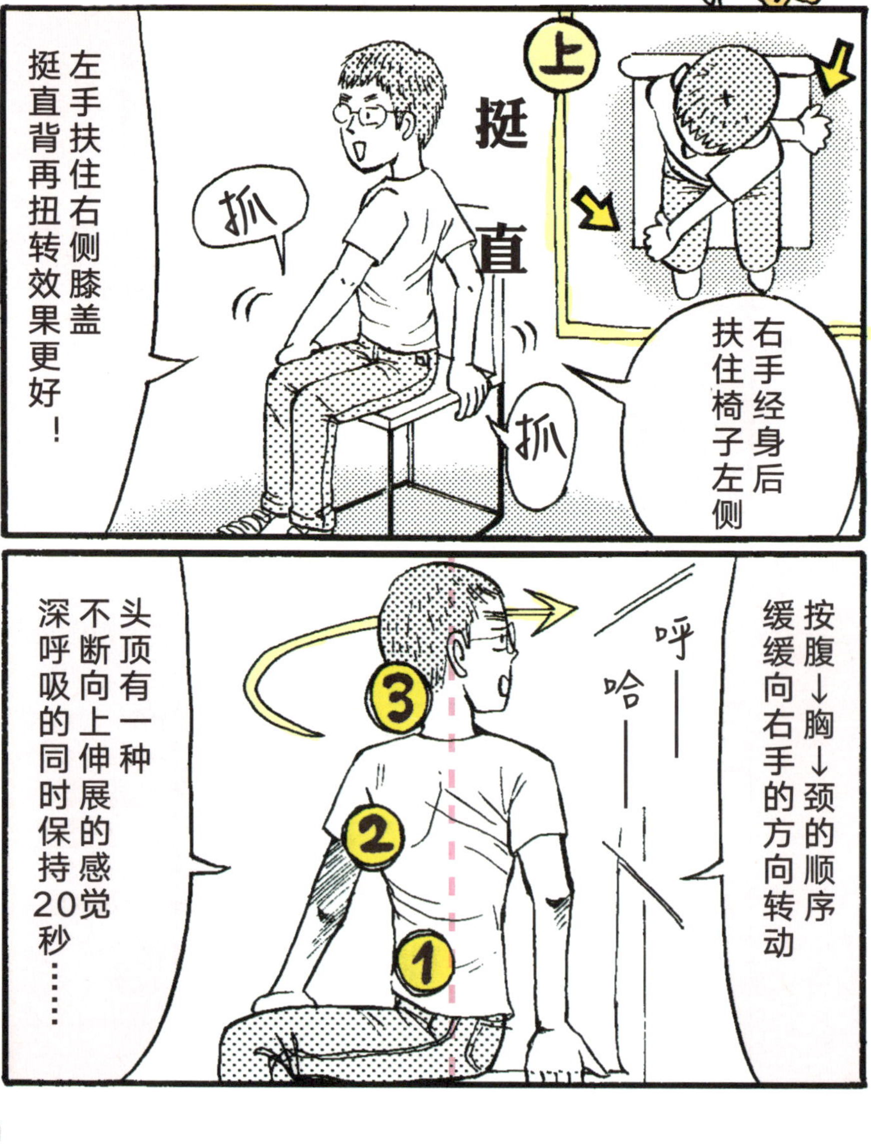
上
挺直
右手经身后扶住椅子左侧
左手扶住右侧膝盖挺直背再扭转效果更好！
抓
抓
按腹↓胸↓颈的顺序缓缓向右手的方向转动
头顶有一种不断向上伸展的感觉深呼吸的同时保持20秒……
呼——
哈——
3
2
1

慢慢地充分扭转身体，不要利用惯性！

一定要将腰部以下的区域固定好。颈部如果感觉痛的话，可以只转动腰部与胸部。另外要注意，如果弓着背做的话效果也会变差哦。缓解脊椎区域的内脏与肌肉的疲惫，有助于我们调节自律神经。总之，这个动作可以帮我们预防和消除肩部、腰部和背部的酸痛，非常适合在小憩时用来转换心情。

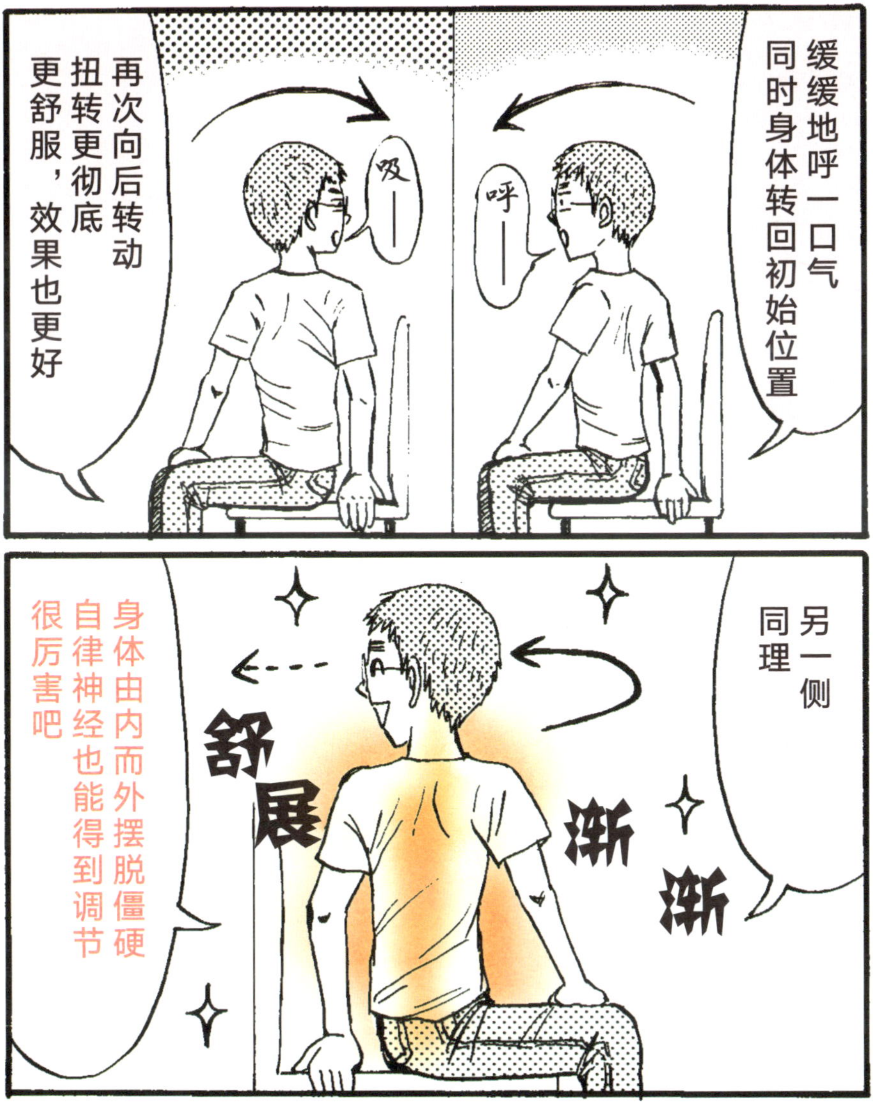
缓缓地呼一口气
同时身体转回初始位置
呼——
吸——
再次向后转动
扭转更彻底
更舒服，效果也更好
另一侧
同理
渐渐
舒展
身体由内而外摆脱僵硬
自律神经也能得到调节
很厉害吧

学到了你就偷笑吧

身体重启小妙招

这里是能帮你利用起在家中的零散时间，且非常适合睡前完成的“身体重启小妙招”。本节将教大家一个可以在床上或地毯上放松腰和背的方法。瑜伽中将这招叫作“猫式”。

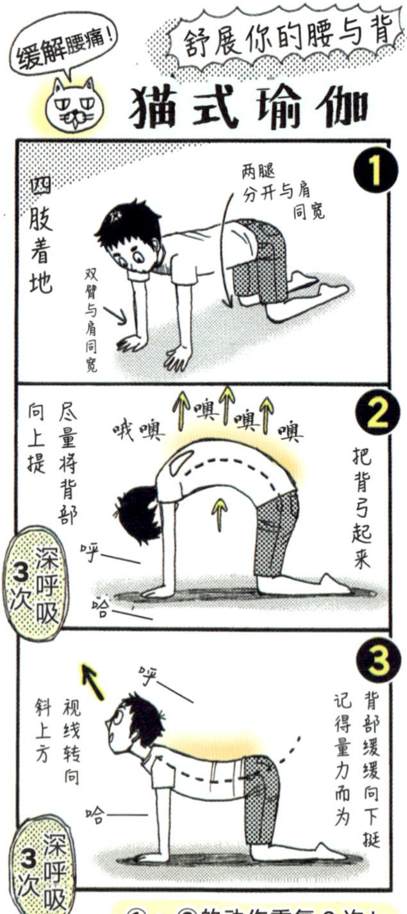

缓解腰痛！
舒展你的腰与背
猫式瑜伽
1
四肢着地
两腿分开与肩同宽
双臂与肩同宽
2
尽量将背部向上提
哦噢 噢 噢 噢
把背弓起来
呼
哈
深呼吸3次
3
视线转向斜上方
呼
背部缓缓向下挺 记得量力而为
哈
深呼吸3次

①～③的动作重复 3 次！

在重复“弓背—挺背”的过程中，我们背部、腰部的血液循环可以得到很好的改善，腰背及周边区域的肌肉也可以得到放松。在弓背时，可以想象我们两块肩胛骨中间的部位正在被人不断向上提。颈部或腰部不好的读者可以只把①和②这两个动作重复 3 次。

PART 7

今天辛苦了 回家后好好放松一下吧

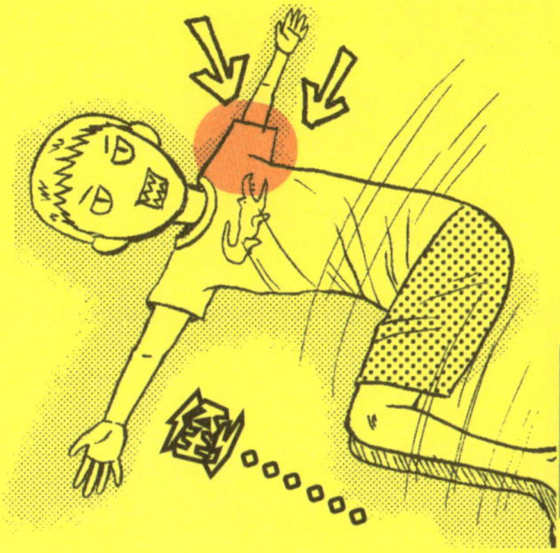

面对足部疲劳 我有“足部重启术”

~ 排出代谢废物，缓解浮肿 ~

我们的双脚每天被塞在鞋中，任劳任怨地支撑着我们的身体。
给双脚做一下按摩，就能有效促进代谢废物排出，缓解我们的疲惫。
让我们来亲自慰劳一下勤勤恳恳的双脚吧！

清空代谢废物
疲惫……
正在消散……
哦……哦！
掰
任务①【掰开脚趾】
自我足部重启术

通过按摩，排出因重力作用沉积在足部的代谢废物

不论是坐着还是站着工作，我们体内的代谢废物及多余的水分都会在重力作用下向足部沉积。而浮肿与疲倦感，就是我们体液循环及代谢功能衰弱、健康出现状况的信号。

当你睡醒一觉依然浑身疲惫，或是无论何时都感觉手脚发凉时，试试通过重启足部，来改善一下血液及淋巴循环，将沉积在足部的代谢废物排出体外吧！

在此我隆重推荐“掰脚趾术”。从大脚趾到小脚趾，逐个捏住脚趾根部位置摇动脚趾，将双脚完全放松吧！

先从脚尖开始放松吧！

简单！脚尖重启术

掰脚趾 摆动你的脚趾！

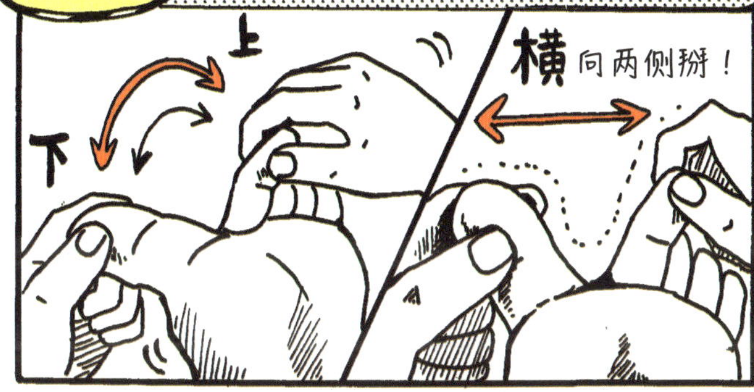
上
下
横 向两侧掰！

从大脚趾一直做到小脚趾！

↓ 再 ↓ 配 ↓ 合 ↓ 上 ↓

按压！！

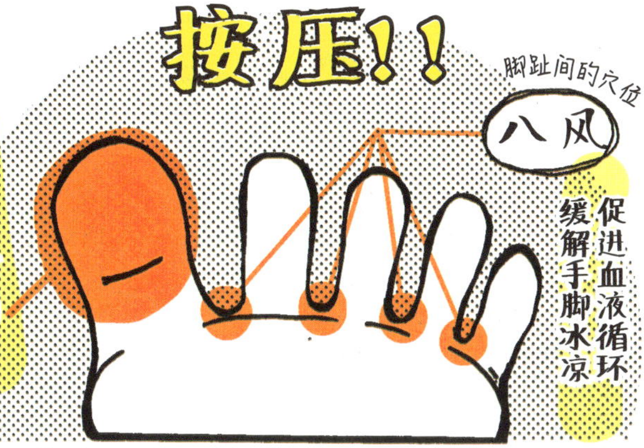
大脑累了
就按一下大拇指吧！
脚趾间的穴位
八风
促进血液循环
缓解手脚冰凉

用力地按！痛并舒服着！

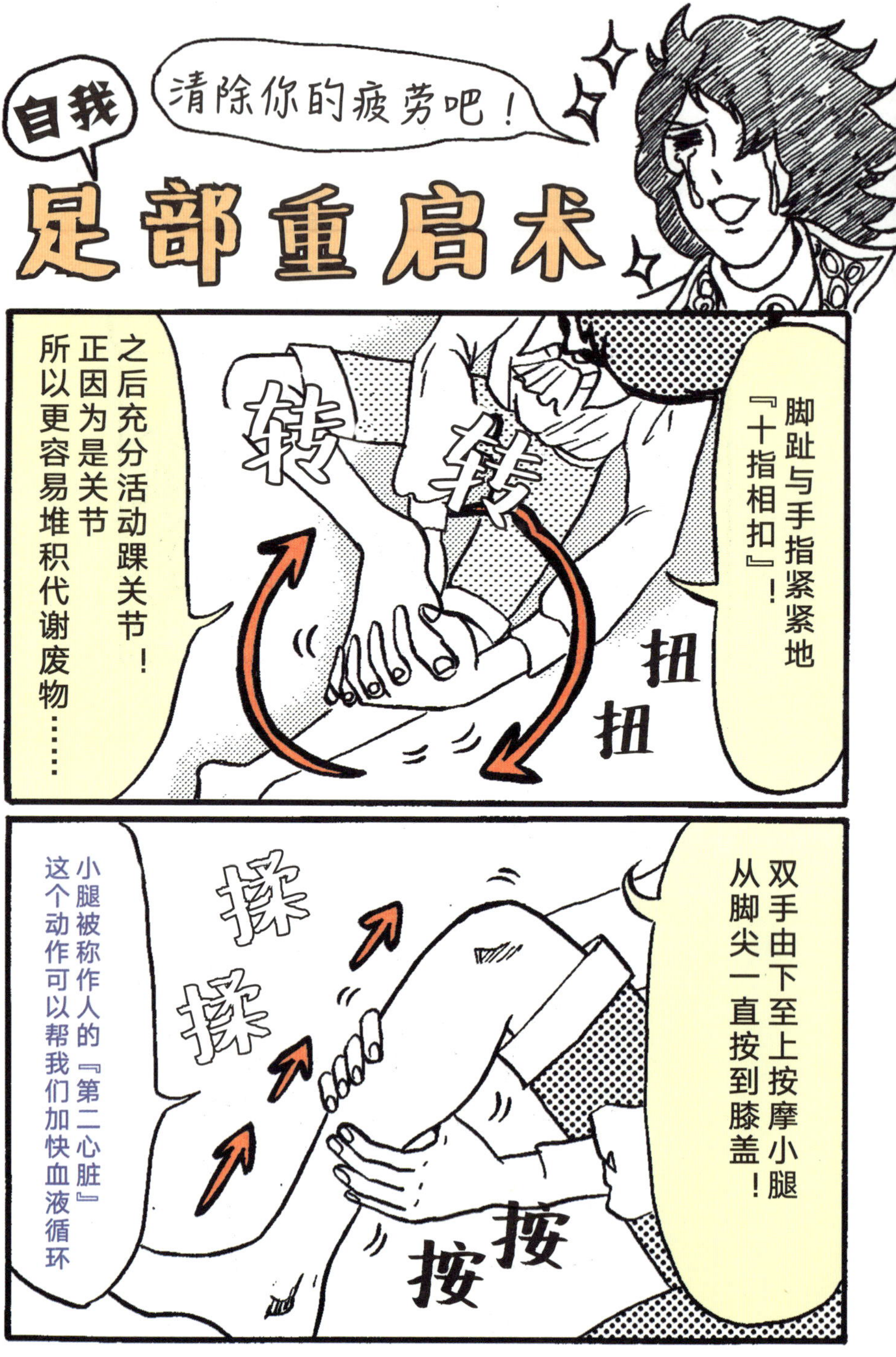
清除你的疲劳吧！
自我
足部重启术
脚趾与手指紧紧地『十指相扣』！
之后充分活动踝关节！
正因为是关节
所以更容易堆积代谢废物……
转转
扭扭
双手由下至上按摩小腿
从脚尖一直按到膝盖！
小腿被称作人的『第二心脏』
这个动作可以帮我们加快血液循环
揉揉
按按

通过按摩来减轻腹股沟部位的负担！

本节所介绍的“重启足部”的动作，与足疗店中的“足部反射疗法”很相似。做完这四格漫画中所讲的动作后，可以再轻捶几下腰和臀部，这样对下半身放松效果更好。在腿的背侧有很多穴位，试着用双手摸索一下会让你感到痛并舒服的点，然后用手指或掌根来按压、敲打那里吧。

用手指按压膝盖内侧来施以刺激！
按
按
不论在西医（腘淋巴结）还是中医（委中穴）看来都很重要
由下至上按摩大腿
最后再由内向外地仔细按压腹股沟部位就可以啦！
这里可有下半身最大的淋巴结呢！
这招看起来好舒服啊……

用脑过度？让紧绷的头皮放松一下吧

~ 大脑放松了，全身的紧张感都会减轻 ~

我们的头也会“僵硬”。长时间盯着电脑、手机，或是压力过大、用脑过度，都会导致头部的疲劳不断聚集、头皮僵硬。

放松一下头皮，可以帮我们重启大脑、缓解视疲劳、减轻压力，对全身的放松也有好处！

缓解压力
视疲劳
清爽！
头皮
重启术
头痛
大脑焕然一新
脖子痛

头部肌肉僵硬，会给大脑增加负担！

用手指摸一下自己的头皮，如果它紧紧地“绷”在你头上一动不动，就证明你的头部很可能已经“僵硬”过头了。头部僵硬会导致血液及淋巴循环不畅，并引发头痛、视疲劳、头晕、全身疲惫等各种症状。

实际上，我们的头皮下并不是只有一个光秃秃的头盖骨，在额头、头侧、头后都有肌肉，头顶部则被一种虽薄却非常结实的组织——“帽状腱膜”所覆盖。这些组织如果出了问题，将会影响到我们大脑的状态。因此，让我们好好地放松一下头部吧。

头部也会僵硬哦！

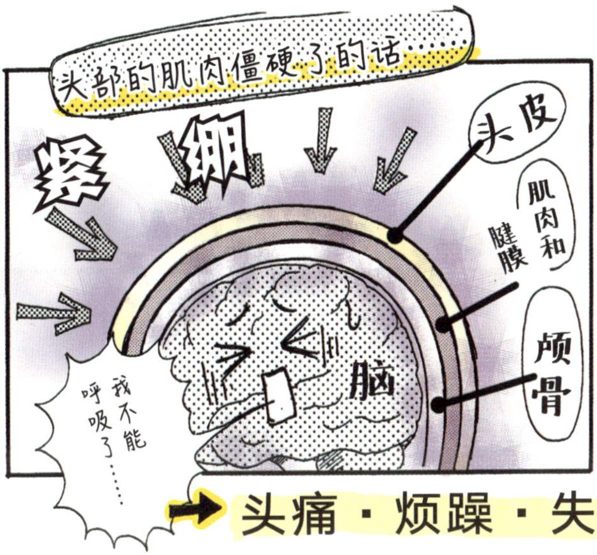

→头痛・烦躁・失眠等

头部各区域僵硬的原因！

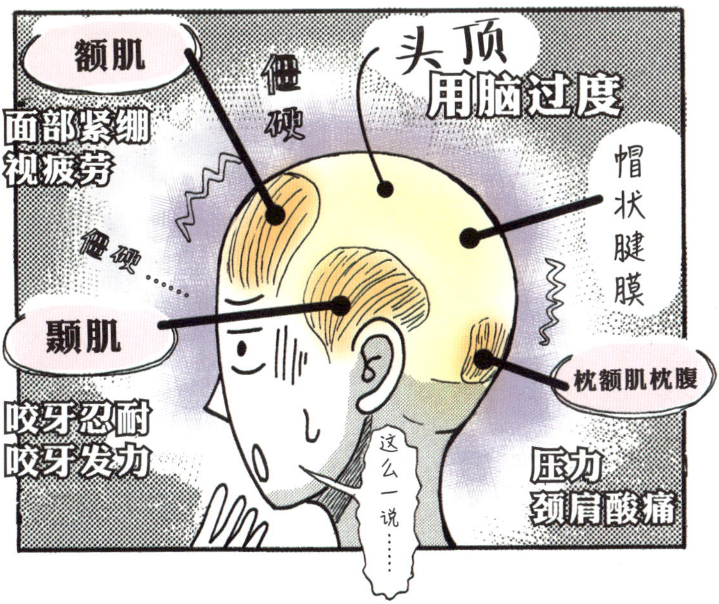

打起精神·缓解视疲劳·清除疲惫！
用脑过度的编辑·脑袋硬夫的
头皮放松
重启术
手指肚
用这里按压！
手掌根
手掌根用力按住耳朵上方慢慢地揉3圈……
转——转——
掌根位置不变按住、向上推保持5秒
啦——呼——
双手四指并拢，手指肚共同按住发际线中部上下推动头皮5次
能感觉到头皮在移动
推
推
双手沿发际线向两侧分开分别按摩下图中的四个点
1
2
2
3
3
4
4

把握好力度，温柔地给头部来一次彻底按摩

你也可以试着将双手的五指微曲，用指尖轻轻敲击头部。由于头皮与面部的皮肤相连，所以这些头皮放松术同时还能帮你减轻面部浮肿，用不到 3 分钟的时间，让你的头部焕然一新。如果时间充裕，可以做上个 10 分钟，据说这样可以帮你进一步刺激副交感神经，让你的精神状态也变得更好。大脑获得休息后，身体上的紧张感也能得到缓解，对清除疲惫十分有效。

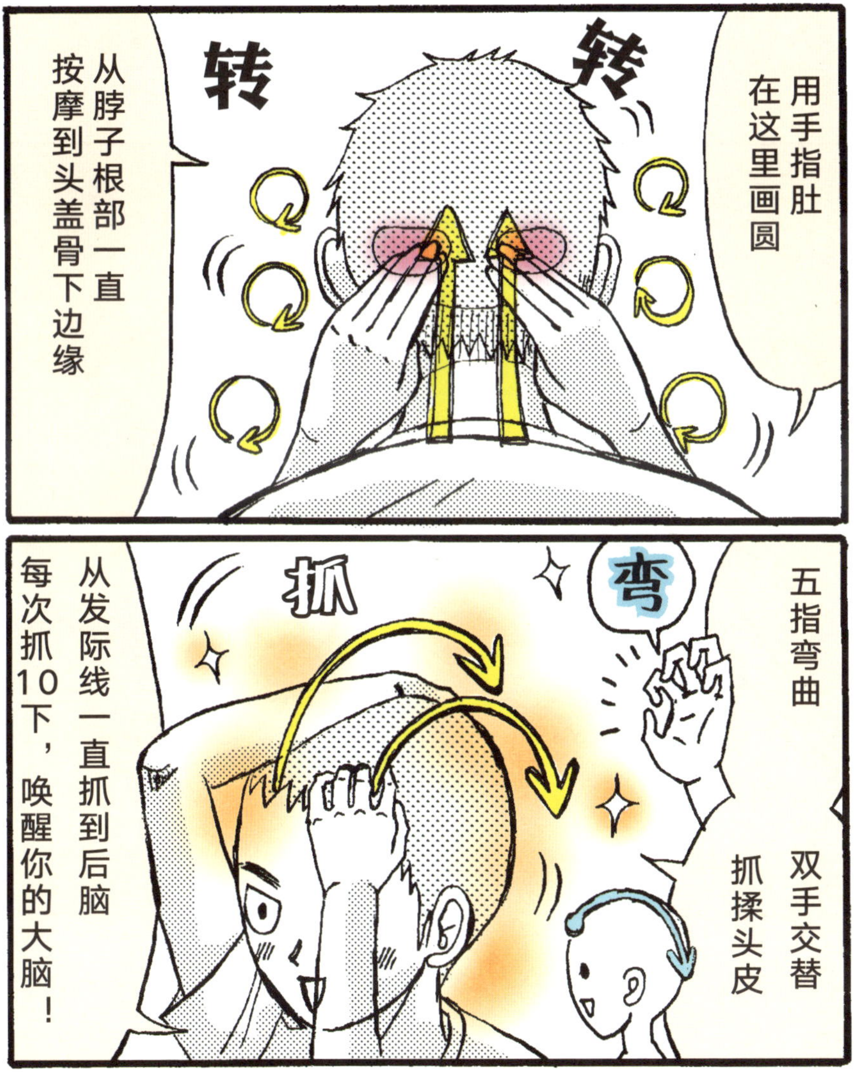

从脖子根部一直按摩到头盖骨下边缘
转
转
用手指肚在这里画圆
从发际线一直抓到后脑
每次抓10下，唤醒你的大脑！
抓
弯
五指弯曲
双手交替抓揉头皮

肠胃需要重启 试试“鳄鱼重启术”

~ 疏解腹部的紧张，疲劳渐渐消散 ~

想将腹部从疲惫与紧张感中解放出来时，我强烈推荐平躺转体重启术。这个动作不仅可以帮你激活疲惫的内脏，还能减轻腰痛。瑜伽中将这招称作“下半身摇动式”。

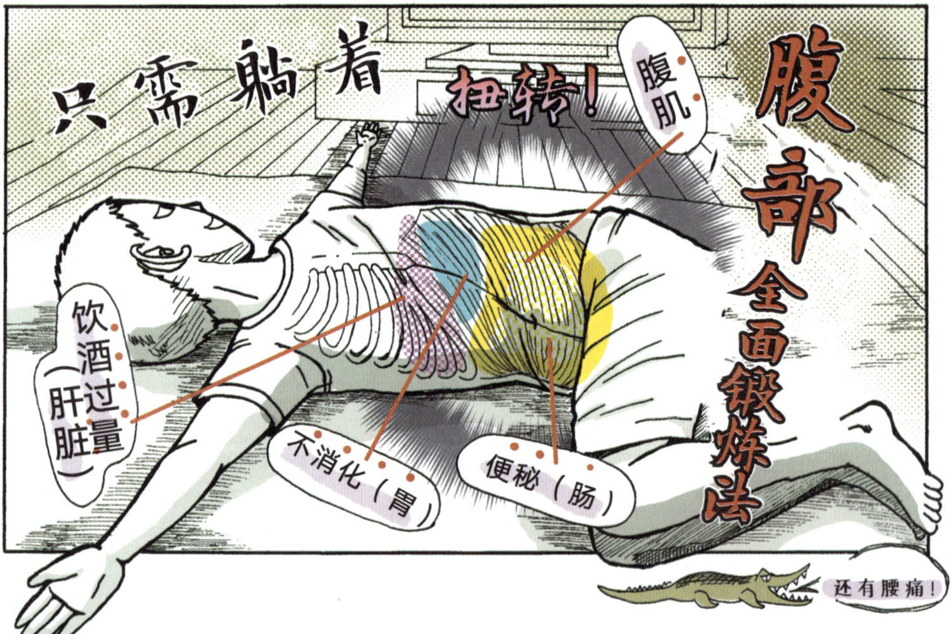
只需躺着
扭转！
腹肌
腹部全面锻炼法
饮酒过量（肝脏）
不消化（胃）
便秘（肠）
还有腰痛！

充分转动身体，放松疲惫的内脏

这是个能给你带来活力的重启术。通过转动腹部来适度地压迫内脏，达到轻柔地按摩胃、肠、肝等内脏的效果。

当你刻意施加给内脏的压力消失时，内脏中携带着代谢废物的血液会被新鲜血液一冲而净。

血液循环加快会使你全身感到温暖，甚至对燃烧内脏脂肪都有一定帮助。腰、背、肩部的肌肉也能同时得到舒展，因此这个动作对缓解腰痛也很有效。

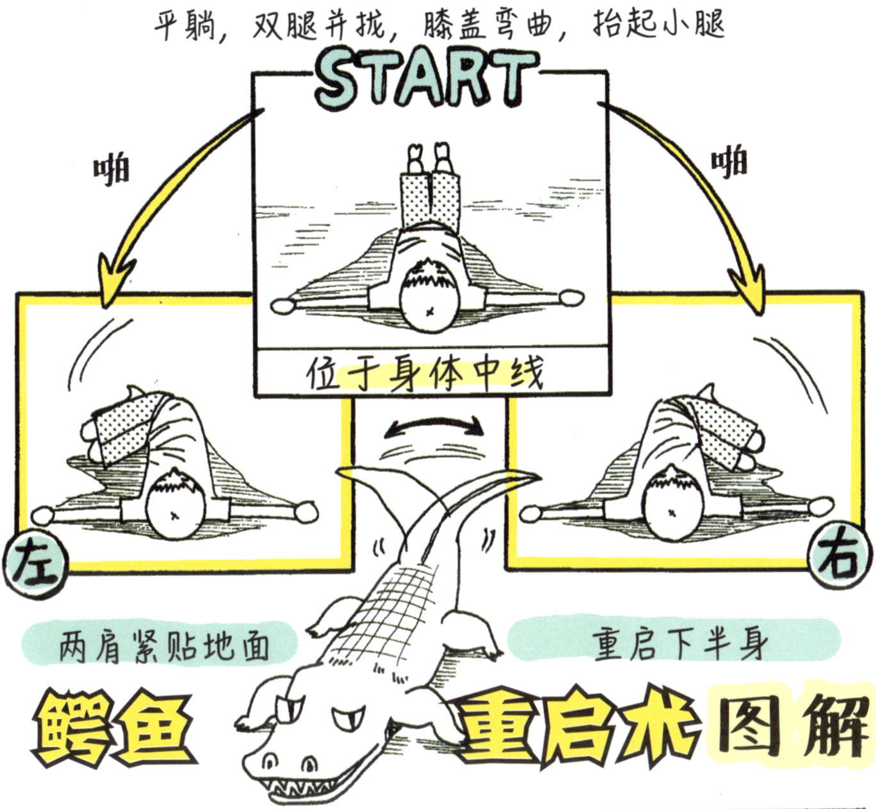
平躺，双腿并拢，膝盖弯曲，抬起小腿
START
啪
啪
位于身体中线
左
右
两肩紧贴地面
重启下半身
鳄鱼重启术图解

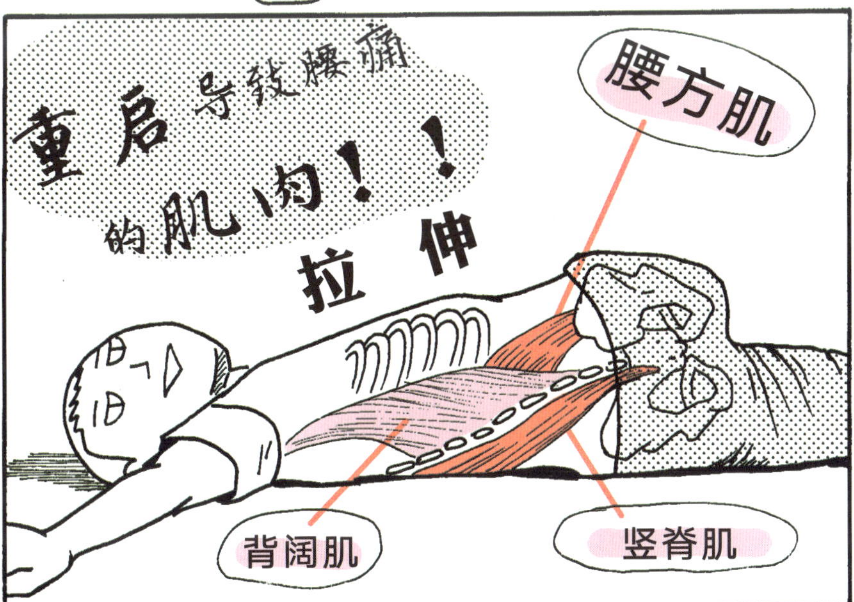
重启导致腰痛的肌肉！！
拉伸
腰方肌
背阔肌
竖脊肌

滚动内脏重启术 鳄鱼君

还能刺激腹肌哦！
鳄鱼重启术

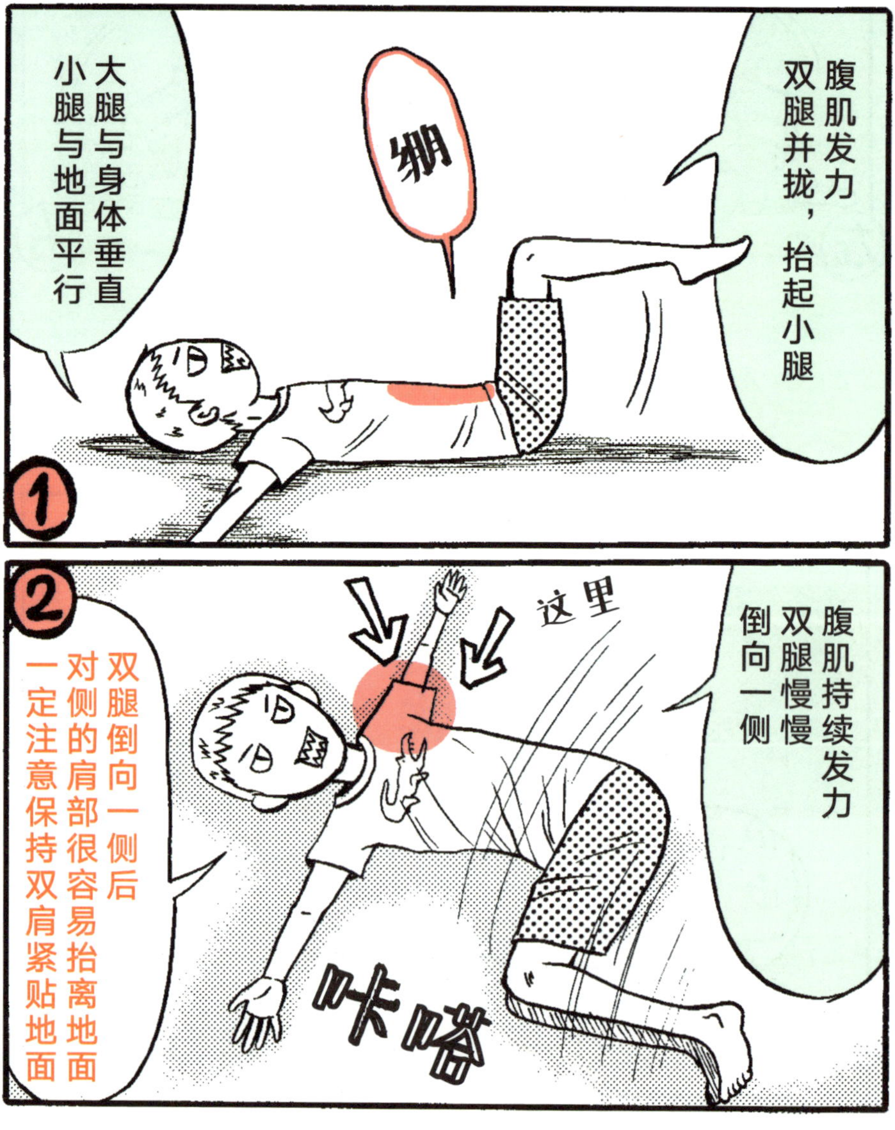

①
腹肌发力
双腿并拢，抬起小腿
绷
大腿与身体垂直
小腿与地面平行
②
腹肌持续发力
双腿慢慢倒向一侧
这里
双腿倒向一侧后
对侧的肩部很容易抬离地面
一定注意保持双肩紧贴地面
咔嗒

舒缓脊椎区域的紧张感，也有助于调整自律神经

熟练掌握后，可以连续重复 2~3 次，放松效果更好。如果腿部或双肩难以贴地，请一定不要勉强，可以根据自己的身体情况适当降低动作难度。鳄鱼重启术能够充分利用重力，来缓解我们脊椎周围的内脏和肌肉的紧张，而且据说对调整自律神经也很有效。

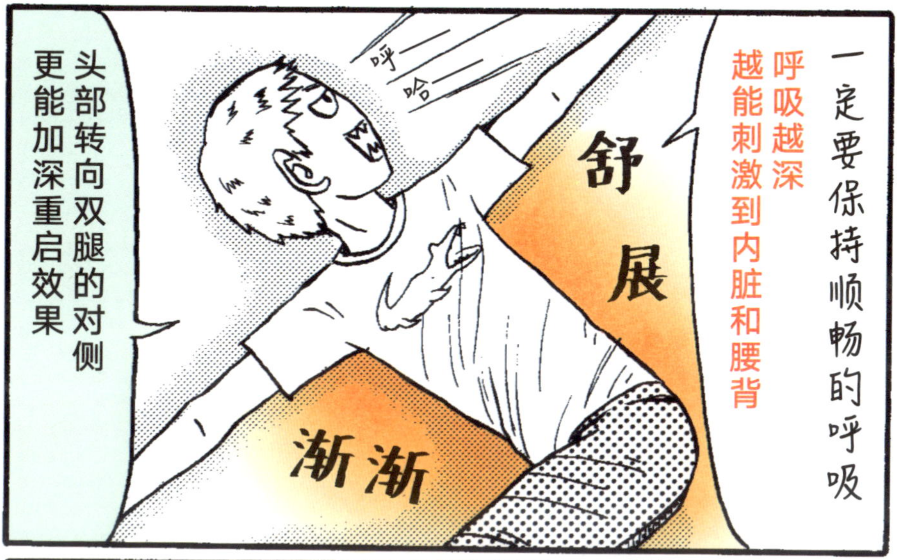
一定要保持顺畅的呼吸
呼吸越深
越能刺激到内脏和腰背
呼——
哈——
舒展
渐渐
头部转向双腿的对侧
更能加深重启效果

腹肌再次发力
抬起小腿
哇哈哈哈哈
你在说啥？
另一侧同理
每一侧都要做满20秒哦
做完后就躺着
彻底放松一下吧！

学到了
你就偷笑吧

身体重启小妙招

这里是能帮你利用起在家中的零散时间，且非常适合睡前完成的“身体重启小妙招”。本节将向大家介绍在床上或地上就能做的“抖手抖腿式”。

对付手脚发凉、水肿、疲惫
抖手抖腿式
平躺
双手双脚上举
肌肉放松
双手双脚同时抖动
30～60秒
促进排出
沉积在手脚中的代谢废物！

通过将手脚举到比心脏更高的位置并抖动，可以借助重力作用促使堆积在手脚中的代谢废物排出，改善全身的血液及淋巴循环。抖动时记得保持呼吸平缓哦。这招对手脚发凉尤其有效。

结语
组合重启术，放松效果挡不住！

在你习惯了单个的重启术后，可以试着将几个动作组合起来，以提升重启效果。比如，用眼部按摩术配合治疗脖子痛、肩酸的重启术，唤醒效果绝对一流。

另外还可以：

・用毛巾重启颈、肩、背，唤醒整个上半身！

→ P036 毛巾重启术 + P074 强效版肩胛骨重启术

・赶走困意的组合技

→ P042 前屈倦意清除术 + P056 单侧鼻孔呼吸法

・仰卧的同时赶走腰痛

→ P092 超简单抱团重启术 + P122 鳄鱼重启术

・趴在地上，像猫一样重启脊椎区域

→ P112 猫式瑜伽 + P086 终极翻滚术

・对付下半身浮肿的组合技

→ P114 足部重启术 + P096 髋关节重启术

・洗完澡后，帮你成倍增加放松感

→ P118 僵硬头皮重启术 + P064 给紧绷的头部来次“耳朵按摩”

希望大家能将自己喜欢的一招招重启术搭配起来，享受无与伦比的轻松体验。

另外，虽然已经唠叨过多次，但我在此还是想强调一下：在尝试书中的重启术时，请务必掌握好度，不要给自己带来不必要的伤害。另外，边做边进行深呼吸，是重启身体最关键的诀窍！

最后，我要向本书编辑山口老师、监制 for. R 整体院的田中院长、设计师田中老师，以及所有帮助我完成本书的人致以诚挚的感谢，另外还有读到最后的诸位读者，谢谢你们！

参考文献

医学博士雷・朗著，中村尚人译，《图解瑜伽解剖学——肌肉骨骼篇》，YOGA BOOKS 出版，2011 / 莱斯利・卡明诺夫著，渡边千鹤译，《最强的瑜伽课》，PHP 研究所出版，2009 / 竹内修二著，《史上最强图解马上就能学会的解剖学》，夏目社出版，2014 / 福辻锐记著，《福辻锐记著的压力矫正》，日本新星出版社出版，2012 / 井本邦昭著，《唤醒柔弱的身体 人体力学》，高桥书店出版，2011 / 樱井智野风著，《这本书帮你解决身体不适的病因》，荣出版社出版，2014 / 加藤雅俊著，《真正有效的淋巴结与穴位之书——清楚指出它们的位置！》，日本文艺社出版，2010 / 中尾喜保、宫永美知代著，《美术解剖学图册》，南山堂出版，1986

图书在版编目（CIP）数据

了不起的身体重启术 /（日）崎田美菜著；单元皓译. —北京：文化发展出版社有限公司，2018.5
ISBN 978-7-5142-2218-0

Ⅰ. ①了… Ⅱ. ①崎… ②单… Ⅲ. ①体育锻炼—基本知识 Ⅳ. ①G806

中国版本图书馆CIP数据核字（2018）第078561号

了不起的身体重启术

著　　者：[日]崎田美菜
监　　制：[日]for. R整体院　田中千哉
译　　者：单元皓

责任编辑：肖润征
特约监制：赵　菁　单元皓
特约编辑：董铮铮
封面设计：所以设计馆
版式设计：书情文化
出版发行：文化发展出版社（北京市翠微路2号　邮编：100036）
网　　址：www. wenhuafazhan.com
经　　销：各地新华书店
印　　刷：北京市雅迪彩色印刷有限公司

开　　本：880mm × 1230mm　1/32
字　　数：100千字
印　　张：4
印　　次：2018年7月第1版　2018年7月第1次印刷
定　　价：39.80元
I S B N：978-7-5142-2218-0

OWL 猫头鹰

阅读，认识你自己
Lege, temet nosce

001 《我生命里的光》 中村修二 著，安素 译
002 《当呼吸化为空气》 保罗·卡拉尼什 著，何雨珈 译
003 《刀锋》 毛姆 著，林步升 译
004 《圣诞男孩》 马特·海格 著，马爱农 译
005 《了不起的盖茨比》 菲茨杰拉德 著，徐之野 译
006 《为你，耶路撒冷》 拉莱·科林斯、多米尼克·拉皮埃尔 著，晏可佳、晏子慧、姚蓓琴 译
007 《街角的奇迹》 肯尼迪·欧戴德、杰茜卡·波斯纳 著，王楠 译
008 《你杀不死一只老狐狸》 大卫·豪沃思 著，静恩英 译
009 《个人的体验》 大江健三郎 著，王中忱 译
010 《树上的时光》 韩奈德 著，鲁梦珏 译
011 《彼得•潘》 詹姆斯·巴里 著，黄意然 译
012 《长腿叔叔》 简·韦伯斯特 著，黄意然 译
013 《津轻》 太宰治 著，吴季伦 译
014 《小说灯笼》 太宰治 著，陈系美 译
015 《小丑之花》 太宰治 著，刘子倩 译
016 《长夜漫漫路迢迢》 尤金·奥尼尔 著，乔志高 译
017 《夜莺书店》 维罗妮卡·亨利 著，王思宁 译
018 《简•爱》 夏洛特·勃朗特 著，陈锦慧 译
019 《乱时候，穷时候》 姜淑梅 著
020 《野性的呼唤》 杰克·伦敦 著，杨耐冬 译
021 《寻找更明亮的天空》 古尔瓦力·帕萨雷、娜德纳·古力 著，吴超 译
022 《荒野求生手册》 贝尔·格里尔斯 著，李璞良 译
023 《善心女神》 乔纳森·利特尔 著，蔡孟贞 译
024 《越过一山，又是一山》 特雷西·基德尔 著，钱基莲 译
025 《寂静的春天》 蕾切尔·卡森 著，黄中宪 译
026 《超越人类》 伊芙·赫洛尔德 著，欧阳昱 译
027 《无人岛生存十六人》 须川邦彦 著，陈娴若 译
028 《圣诞女孩》 马特·海格 著，鲁梦珏 译
029 《伤心咖啡馆之歌》 卡森·麦卡勒斯 著，赵丕慧 译
030 《心是孤独的猎手》 卡森·麦卡勒斯 著，赵文伟 译
031 《权力之路》 罗伯特·A.卡洛 著，何雨珈 译
032 《海的那一边》 梅丽莎·弗莱明 著，小庄 译
033 《了不起的身体重启术》 崎田美菜 著，田中千哉 监制，单元皓 译
034 《宅人瑜伽》 崎田美菜 著，福永伴子 监制，单元皓 译
035 《夜行》 森见登美彦 著，单元皓 译
036 《不抓狂人生指南》 艾米丽·雷诺兹 著，何雨珈 译
037 《荒野之狼》 赫尔曼·黑塞 著，阙旭玲 译